Poeten des Abgrunds
Klettergeschichten

Herausgegeben vom Panico Alpinverlag

Poeten des Abgrunds

Klettergeschichten

ISBN 978-3-936740-75-2

Titelbild	Der Poet des Abgrunds, Ölgemälde von Irmgard Braun, 1987
Illustrationen	Achim Pasold und Christopher Mailänder
Übersetzungen	Nicholas Mailänder

ISBN 978-3-936740-75-2

Panico Alpinverlag
Gunzenhauserstr. 1
D-73257 Köngen
Tel. +49 07024 82780
Fax +49 07024 84377
www.panico.de

Inhaltsverzeichnis

Vorwort

zur ersten Auflage 1988

Ich konnte nicht mehr als drei Wege, glücklicher (nicht glücklich) zu werden, auskundschaften. Der erste, der in die Höhe geht, ist: so weit über das Gewölke des Lebens hinauszudringen, dass man die ganze äußere Welt mit ihren Wolfsgruben, Beinhäusern und Gewitterableitern von weitem unter seinen Füßen nur wie ein eingeschrumpftes Kindergärtchen liegen sieht. Der zweite ist: gerade herabzufallen ins Gärtchen und da sich so einheimisch in eine Furche einzunisten, dass, wenn man aus seinem warmen Lerchennest hinaussieht, man ebenfalls keine Wolfsgruben, Beinhäuser und Stangen, sondern nur Ähren erblickt, deren jede für den Nestvogel ein Baum und ein Sonnen- und Regenschirm ist. Der dritte endlich – den ich für den schwersten und klügsten halte – ist der: mit den beiden anderen zu wechseln.

JeanPaul

Wenn wir dem Leser versprechen, in diesem Erzählungsband »Neue Geschichten vom Klettern« zu finden, so mag er diesen Untertitel ruhig auch im Geist herumdrehen. Denn »Geschichten vom 'neuen' Klettern« würde das, was vier Seiten später anfängt, vielleicht noch besser überschreiben. Beide Verheißungen sind allerdings gewagt, denn sofort stellt sich die Frage nach der Unterscheidungslinie zwischen neu und alt – im Klettern wie im Erzählen. In der Tätigkeit des Kletterns selbst, obwohl es sich in kürzlich vergangener Zeit sehr gewandelt haben mag, tritt das »Neue« aber kaum am deutlichsten zutage. Es scheint mir vor allem in einer gewandelten Haltung der

Generation unserer Autoren gegenüber ihrer sinnlosen Eroberungstätigkeit zu liegen. Diese veränderte Einstellung schlägt in die Sprache durch.

Irgenwann zwischen 1977 und 1982 waren Erzählweise und Lyrik, die mit dem Handwerkszeug der Bergvagabundenliteratur das alpinistische Erleben zu bewältigen versuchten, endgültig in die Blätter der Vereinssektionen und in die verrauchten Nebenzimmer der alpinen Absteigen verdrängt worden. An ihrer Stelle gewann eine »Schreibe« an Einfluss, die vor allem durch ihre Frechheit Aufsehen – und häufig auch Missfallen – erregte.

In dieser Sammlung von Erzählungen findet der Leser Beiträge von Schreibern, die diese Entwicklung maßgeblich beieinflusst haben. Dabei wurde bereits Veröffentlichtes mit bisher noch Ungedrucktem ungezwungen vermischt. Thematisch haben wir uns sehr weite Grenzen zugestanden. Der Bericht von einer Karakorumexpedition findet genauso Platz wie die schonungslose Publikumsbeschimpfung, die Schilderung einer alpinen Erstbegehung muss die Nachbarschaft der ätzenden Satire ertragen lernen. Unser Ziel war es nämlich, die heutige Alpinliteratur in ihrer gesamten Vielfalt vorzustellen.

Bei aller Unterschiedlichkeit ist den besseren Vertretern der »Neuen Welle« des Alpinschreibens aber gemeinsam, dass sie nicht nur im Fels genauer hinschauen als ihre Vorgänger. Der sachliche Abstand zur eigenen Gefühlskiste, der in vielen der Erzählungen als augenzwinkernde Selbstironie aufblitzt, kann jedoch nicht darüber hinwegtäuschen, dass alle in diesem Band vertretenen Autoren das totale, fanatische Eintauchen in die Begeisterung kennen. Diese Fähigkeit, zwischen kritischer Reflexion und unmittelbarer Hingabe zu oszillieren, wird der Bergsport auch in Zukunft bitternötig haben. Denn, kaum zehn Jahre nach dem jugendfrischem Aufbruch zu neuen Horizonten, wird das Denken und Tun der Aktiven schon wieder von Schablonen bestimmt, die jetzt allerdings nicht mehr ererbt, sondern selbstgeprägt sind. Vielleicht kann dieser Erzählungsband helfen, hier wieder Raum zu schaffen, soweit über das Gewölke des Lebens hinaufzudringen, dass wir unsere steinernen Lerchennester drunten wie eingeschrumpfte Kindergärtchen liegen sehen.

Nicholas Mailänder

Vorwort

zur zweiten Auflage 1994

Sechs Jahre sind seit der Erstauflage der Anthologie »Poeten des Abgrunds« vergangen. Der damalige Untertitel »Neue Geschichten vom Klettern« und die im Vorwort von 1988 angebotene Möglichkeit der Wortverdrehung in »Geschichten vom 'neuen' Klettern« sind nicht mehr haltbar. Die Geschichten sind nicht mehr neu, und auch das »moderne Freiklettern«, dessen wilden, archaischen Geist es einzufangen galt, hat sich bereits satt etabliert. Aus den selbstgefärbten Malerhosen ist buntglitzernde Massenware made in Taiwan geworden. Die Geschichten aber, die wir damals zusammengestellt hatten, haben nichts von ihrer Faszination verloren. Grund genug also, sie zusammen mit einer bisher unveröffentlichten Story als Paperback neu aufzulegen.

Der Amerikaner Pat Ament arbeitet im Opener »Kor« den Sado-Maso Trip auf, der ihn als jugendlichen Kletternovizen in den Fängen des legendären Layton Kor durch den Black Canyon führte.

»Panische Zeiten« erlebte Nicholas Mailänder zusammen mit Pete Livesey bei den gemeinsamen Versuchen, den aufkeimenden Rotpunkt-Gedanken der frühen achtziger Jahre auf die Hakenleitern der Dolomiten zu übertragen.

In der kalten »Biwaknacht«, wenn die Gedanken kreisen, holt jeden das ganz eigene Leben wieder ein. Emil Zopfi aus der Schweiz, mehrfach mit Literaturpreisen ausgezeichnet, schildert eine solche Nacht.

Dass Klemmkeile weit mehr sind als austauschbare seelenlose Metallteilchen, beweist die »Die alte Nummer Fünf«. Der Amerikaner Kurt Krueger erzählt die bewegte und bewegende Lebensgeschichte eines Klemmkeils.

Eine Route im elften Grad zu begehen, fordert den Körper, den Geist, die Psyche, die Seele, das Herz und den Kopf, ja auch den Kopf. »Der Weg als Ich« von Peter Brunnert ist ein leuchtendes Fanal für die Philosophie des Fingerlochs.

Ironischer Spaß und tödlicher Ernst liegen nicht nur in diesem Buch eng beieinander. »Am Broad Peak« erlebte der Australier Greg Child die andere, die dunkle Seite des Bergsteigens.

Zu den bedeutendsten Kletterwegen der Alpen gehört der »Weg durch den Fisch« an der Südwand der Marmolada. Der Tiroler Heinz Mariacher erzählt, nicht ohne Selbstironie, sein ganz persönliches »Abenteuer Fisch«.

Nicht weniger abenteuerlich geht es direkt danach im Rofangebirge zu, wo dem Zillertaler Prem Darshano mit dem »Goldrausch« am Roßkopf eine ganz besonders kühne Erstbegehung gelang.

Mit seiner Geschichte »Die Überschreitung« führt uns der Franzose Bernard Amy ins Indianerland, wo Klettern mit dem, was wir darunter verstehen, nur wenig – oder alles? – gemeinsam hat.

Eine Sammlung von Kletterstories ohne eine Geschichte von Reinhard Karl wäre wie ein Cowboy ohne Pferd. »Unterwegs nach Hause« ist eine eindrucksvolle Hommage an Reinhards Kletterheimat, die Südpfalz.

Hut ab vor dem Amerikaner John Long, der, wenn auch zögernd, einen klassischen Betrug aufklärt und »Die wasserdichte Lüge« zugibt, die sonst wohl bis ans Ende aller Klettertage Wahrheit gewesen wäre.

Er spielt – sie folgen. Andreas Kubin macht sich selbstkritisch Gedanken über die Rolle des alpinen »Gebrauchsliteraten«, der als moderner »Rattenfänger« die Wege der kletternden Massen steuert.
Last but not least und neu – die »Opera Vertikal« von Malte Roeper. Der Bericht über eine Erstbegehung zu Ehren von niemand geringerem als ihr, der Diva – Maria Callas. Ein Auftrag, der so süß wie noch nie war.

Malte Roeper

Editorial

zur dritten Auflage 2010

Meinem Vater gewidmet, der in dem Dreikäsehoch den Keim für die Bergbegeisterung legte und der stets grenzenloses Verständnis für meine »Eroberung des Unnützen« hatte. Dessen Unterstützung mir erlaubte, während der Studienzeit mehr Erstbegehungen zu verbuchen als Vorlesungen zu besuchen, und der so maßgeblich dazu beitrug, dass aus Panico das wurde, was es heute ist.

»Geschichten vom neuen Klettern« ist über 20 Jahre nach dem ersten Erscheinen der »Poeten« als Untertitel nicht mehr nur unhaltbar – wie Malte 1994 schrieb – sondern schlichtweg falsch. Was Nico Mailänder in der ehemals programatischen Geschichte »Panische Zeiten« beschreibt, ist heute gar kein Thema mehr. Damals ging es noch darum, das neue freie Klettern zu etablieren – heute rufen Begriffe und Abkürzungen wie Hakenhilfe, Trittleiter, A0 oder af erst unverständige und nach einer Erklärung ungläubige Blicke hervor. Dabei liegt jene graue Vorzeit, während der sich die meisten Kletterer ganz selbstverständlich und ohne Scham an jedem Haken hoch gezogen haben, gerade mal besagte 20 Jahre zurück.

Aus Gegenwart wird zwangsläufig Zukunft, und aus Satire wird zunehmend schneller Realität als man denkt. Über Peter Brunnerts »Der Weg als Ich« lachte man urspünglich herzhaft, inzwischen muss man sich angesichts der steigenden Zahl der Betroffenen das Schmunzeln verbieten. Und was alles subtil verpackt in »Die alte Nummer Fünf« steckt – für mich noch immer eine der schönsten Kletterstories überhaupt – hätte sich jenem Spanier nicht erschlossen, dem ich letzten Sommer beim Vorbeiseilen den für ihn gerade dringend notwendigen Rock 5 hin hielt: Es war sage und schreibe der erste Klemmkeil, den er jemals in der Hand hatte! Und der stolze Iberer war beileibe kein Anfänger.

Andere Geschichten des Buchs und ihre Botschaften sind zeitlos, und jeder hat die eine oder andere davon schon – in hoffentlich abgeschwächter Form – am eigenen Leib erlebt: Die über die persönliche Grenze führende Überforderung in »Kor«, die nicht enden wollende, bitter kalte »Biwaknacht« oder – zur Zeit wieder einmal ganz aktuell – jenen legeren Umgang mit der Wahrheit, wie John Long ihn schildert. Und nicht zuletzt den Weg aller ernsthaft Kletternden, der sie erst in die Welt hinaus führt, bis sie zum Schluss dann doch alle wieder »Unterwegs nach Hause« sind. Allein wenn diese altersweise Geschichte des unvergessenen Reinhard Karl dem einen oder anderen Sportsfreund eine weitere Sicht seines Tun aufzeigt, hat sich diese Neuauflage gelohnt.

Achim Pasold

Kor

Auf Sado-Maso-Trip im Black Canyon

von Pat Ament

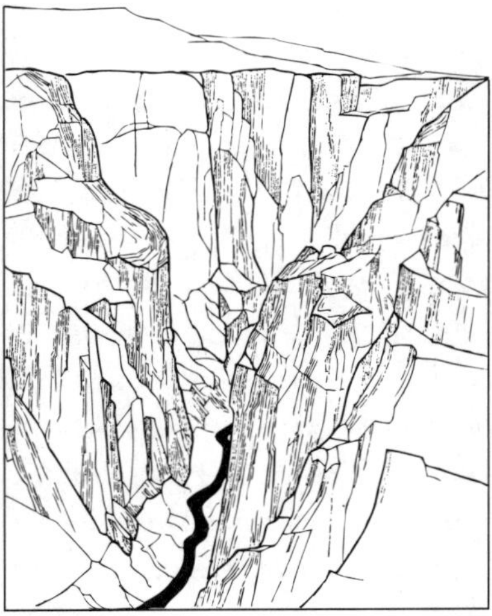

Ich ... ließ mich schnell hinabgleiten und versuchte, indem ich meinen Bewegungen Nachdruck verlieh, ein Beben zu unterdrücken, das ich durch kein anderes Mittel zu beherrschen wusste ... Ich musste jedoch feststellen, dass die Gedanken an die ungeheure Tiefe, die noch zu durchmessen war, meine Fantasie fürchterlich zu erregen begannen ... Vergeblich war ich bemüht, derlei Vorstellungen zu verscheuchen und meine Augen ruhig auf die glatte Oberfläche der Felswand gerichtet zu halten. Je mehr ich dann kämpfte nicht zu denken, desto mehr gewannen meine Vorstellungen an Kraft und grausiger Deutlichkeit. Endlich trat denn auch jene Krisis der Phantasie ein, fürchterlich wie immer in solchen Fällen, die Krise, in der wir die Gefühle im Stürzen vorweg zu leben beginnen, in der wir uns die Übelkeit vorstellen, den Schwindel und den letzten Kampf, und das Aufgeben und die abschließende Bitterkeit des sausenden Sturzes. Und schon bemerkte ich, wie diese Phantastereien ihre eigene Realität erschufen und alle eingebildeten Schrecken tatsächlich auf mich einzustürmen begannen. Ich fühlte, wie meine Knie unkontrollierbar zitterten, während die Hände allmählich, aber unwiderrufbar sich vom Griff lösten. Und nun verzehrte mich das ununterdrückbare Verlangen hinunter zu blicken. Ich wollte nicht und konnte nicht meine Wahrnehmung auf den Fels vor mir beschränken; mit einem wilden, undefinierbaren Gefühl, halb Grauen und halb Befreiung, schleuderte ich meinen Blick weit hinunter in den Abgrund. Einen Augenblick lang verkrampften sich die Finger in ihrem Griff, während der leisest mögliche Anflug eines Gedankens an ein Entkommen schattengleich durch meinen Geist wanderte – im nächsten dann wurde meine Seele schon überflutet von einer Sehnsucht nach dem Sturz ...

Edgar Allen Poe

Diese Stelle aus Poes Erzählung von Arthur Gordon Pym bringt bestimmte Gefühle zur Bewusstheit, die ich das Unglück – oder vielleicht auch das Glück – hatte im Alter von siebzehn Jahren erleben zu dürfen. Unter der einzigartigen Führung von Layton Kor, meinem Kletterpartner, der zu jener Zeit fünfundzwanzig Jahre zählte.

Das Abenteuer war ein vollkommenes Fiasko und ist unter älteren Kletterern zu einer Art Legende geworden. Man hat die Geschichte aufs Launigste ausgeschmückt, und sie hat sich durch die Jahre entwickelt. Ihr Kern aber ist erhalten geblieben: dass damals eine ganz besonders absurde, komische, blödsinnige und sehr gefährliche Quälerei stattgefunden hat. Teils schadenfroh, teils unter dem Druck meines Gewissens, aber auch mit dem Ziel, einen Aspekt von Kors Charakter zu zeigen, erzähle ich diese Pseudo-Poe-Geschichte von unserer erfolglosen Reise zu und dem lächerlichen Kampf mit den Wänden des Black Canyon in Colorado.

Layton hatte sich von dem unglaublichen Rückwärtssalto aus dem »Bastille Crack« in Eldorado sofort wieder erholt. Meine Handflächen dagegen waren fast vollständig mit Blasen bedeckt von den Verbrennungen, die ich mir beim Halten des Sturzes zugezogen hatte.

Der Arzt hatte mir geraten, mindestens einen Monat lang die Finger vom Fels zu lassen, da die Brandblasen in Gefahr waren sich zu entzünden.

Aber Layton war ungeduldig und wollte sofort zum Black Canyon. Er zeigte mir eine unscharfe Fotografie von einer zweitausend Fuß hohen senkrechten bis überhängenden Wand mit dem Namen »Chasm View« und machte mir klar, ich sei hart im Nehmen. Ich wollte ihm folgen; Laytons leuchtende Augen und sein herzliches Lachen trugen den Sieg davon. Der Gedanke an eine solche Erstbegehung reichte aus, um meinen Geist von den Verbrennungen abzulenken und in meiner Blödheit und Unreife den Schmerz zu betäuben.

Es war in der Mitte des Hochsommers, und die 300-Meilen Fahrt von Boulder war heiß. Der alte blaue Ford mit seinen vier abgefahrenen Reifen wurde fast über die ganze Strecke von Kor auf hundertvierzig Stundenkilometer hochgeprügelt. Seine Augen traten aus den Höhlen, das Gesicht verzerrt im Dahinrasen. Er hielt ein Peanutbutter-Sandwich zwischen den Knollenknien seiner langen Beine und vibrierte im Rock & Roll-Rhythmus, der aus dem Radio dröhnte. Ich klammerte mich am Sitz fest und machte auf Kors Befehl hin Peanutbutterbrote.

Einmal ließ ich mich auf einen Wettkampf im Handdrücken ein. Hinter seinem Druck lagen zweihundert Pfund Lebendgewicht und vielleicht 130 hinter meinem. Schon der Vorschlag ließ meine Brandblasen Feuer fangen, und er drückte mich aus wie eine Kerze.

Ein armes, unschuldiges Erdhörnchen wurde plattgewalzt, als es versuchte die Straße zu überqueren. Am Ende der Reise führte eine fünfzig Meilen lange Schotterstraße über Felswände und Steilabbrüche dahin; sie sind der Anfang des Black Canyon. Diese Straße war der Horror! Die nicht enden wollenden Haarnadelkurven und der Amokfahrer hinter dem Steuer! Über eine endlose Stunde hin konnte ich weder Kauen noch Schlucken, ein Klumpen aus Lachen und Erdnussmus verklebte mir die Mundhöhle.

Wir erreichten den nördlichen Rand der Schlucht spät am Tag, stellten den Wagen ab und konnten nach ein paar Schritten über unsere Wand hinunterspähen. Das ferne unheimliche Tosen des Gunnison River, der weit drunten tobte, zusammen mit dem eigentümlichen einsamen Duft des Salbeis, der wüstenartigen

Stille und dem heißen Wind begannen in mir eine Angst vor diesem abgelegenen Ort zu wecken. Mein Herz verkrampfte sich bei dem Gedanken, wieder einen Kor-Sturz abfangen oder sich mit den riesigen, mürben, krankhaft-fleischfarbenen Pegmatitstreifen auseinandersetzen zu müssen, die Layton mir während der Fahrt in abergläubischer Vorahnung geschildert hatte. Layton riss mich hoch in seine Arme, als wäre er wahnsinnig geworden, und wollte mich über die Abbruchkante schleudern. Seine Belustigung fand bald ein Ende, denn ich floh wie ein Karnickel von dem ausgesetzten Ort, im verzweifelten Versuch, seinem spöttischen Gekicher zu entkommen. Ich beschloss schließlich mich zu beruhigen und schwor, von nun an jeden kommenden Irrsinn mannhaft zu tragen.

Nachdem wir schnell eine abweisende Rinne erkundet hatten, die einen gangbaren Abstieg in den Canyon zu erlauben schien, verbrachten wir eine schlechte Nacht am Rand der Schlucht. Die Erwartung der Kletterei hielt uns wach und auch der Hunger. Wir hatten unseren Tourenproviant – die Erdnussbutter – praktisch aufgebraucht, und es wäre unklug gewesen die kleine Fleischration, die Layton als Reserve vorgesehen hatte, anzugreifen. Kor war so energiegeladen, dass ihn Hitze oder Hunger nicht ankratzten.

Sein Trick, mich am frühen Morgen mit einer Tasse heißem Tee aufzumuntern, wurde durch die Explosion des kleinen Kochers durchkreuzt, die den Campingtisch einäscherte. Dies verdarb ihm die Laune, und er starrte mich genauso hinterhältig an wie die emporschleichende Sonne, die schon begann, mir die ersten Schweißtropfen auf die Stirn zu treiben. Wir sortierten Haken, Schlingen und Karabiner, beluden einen großen Haulbag[1] mit

1 Materialsack, der mit einem Hilfsseil nachgezogen wird.

Biwakmaterial, füllten ein paar Wasserflaschen, stopften das Bohrzeug und die Verpflegung in einen alten Rucksack und machten uns daran, durch die steile Rinne abzusteigen. Er war besessen. Er wollte sich durchkämpfen, seine Seele am Fels läutern. Er liebte es, alles auf eine Karte zu setzen, sich in den tiefen Schatten und der geballten Kraft seiner einsam aufragenden Tollhäuser zu beflecken und zu befreien.
Ein Gefühl der Leere, fast des Ärgers, durchfloss mich, als ich über meine Rolle in diesem Spiel nachdachte. Alle Zweifel, alle Schatten fielen der Angst zum Opfer – der Angst vor Kor! Er starrte mich schweigend an.
Meine Gedanken versuchten, der Furcht entgegen zu treten und einen Weg in Kors Welt zu erkunden. Ich musste das Leben entdecken und ihm helfen, diesen Weg zu finden, wenn nötig dem Meister blindlings nachfolgend. Der Abstieg war grässlich! Die erdrückende Rinne, die in den Canyon hinunterführte, war voll mit Dreck und Klettenbüschen. In einem Wimmern meiner gereizten, gebrochenen Stimme äußerte sich mein Widerstand. Eine erstickende Hitze hing tiefer unten im Couloir. Es glich einer heimtückischen Rutschbahn, die nach und nach immer glattere Wände auf allen Seiten entwickelte. Layton hatte mir eine Unmenge Schlosserei und Seile aufgeladen – zusätzlich zu dem alten Rucksack. Wegen der würgenden Schlingen und der an meinen Schultern zerrenden Rucksackriemen bekam ich kaum Luft. Es war ungerecht.

Die Hitze war unerträglich. Schon eine Stunde nach Tagesanbruch hätte ich unseren gesamten Zweitageswasservorrat auf einen Satz leer trinken können. Ängstlich beobachtete ich, wie Kor ungesichert tiefer kletterte. Er bewegte sich mühelos über die abschüssigen Plattenwände des Couloirs hinunter. Die an

Schultern und Hals zerrenden Lasten erlaubten es mir, ihm nur unter größten Mühen zu folgen. In einem schwierigen Abschnitt hätte ein Ausrutscher einen Sturz von achthundert Fuß bedeutet. Das machte mich total fertig, und ich kam fürchterlich ins Schwitzen. Meine verletzten Hände brannten, wenn die Blasen über Kristalle raspelten. Ich lauschte, wie der Fluss drunten über die Blöcke tobte, das Geräusch dröhnte mir ins Hirn. Ich grapschte nach losen Schuppen und dachte an die Trauer daheim, falls eine dieser Scherben mir in der Hand bleiben würde. Ich wollte mich bewähren, mir Anerkennung verschaffen, mich erfolgreich an Kors Traum festklammern. Meine Muskeln zitterten und die Moves tanzten mir vor den Augen. Layton ließ sich über Wülste hinuntergleiten, über Bänder und bizarre Schotterhaufen. Er stieg selbstsicher ab, das Gepäck spürte er nicht, und meine Schwierigkeiten übersah er einfach. Er war voll Hoffnung. Ich war der Skorpion.

Licht, grauer Fels, die blaue Flamme des Himmels und ein Regenbogen von Bildern waren das kaleidoskopartige Fruchtwasser dieses Vorstoßes. Die abartige, persönliche Tilgung unserer Schuld und der Wahnsinn der Herausforderung von Gefahr erschienen mir als Belohnung, an deren Wert es nichts zu zweifeln gab.

Für einen Augenblick trat Kor aus seiner Wunschwelt heraus, er spürte seinen Durst, aber brannte zu sehr darauf, zum Einstieg der Route zu kommen. Er trug die Flaschen im Haulbag und ich betete darum, auch einen Schluck ab zu bekommen. Ich leckte das ausgetrocknete Innenfutter meines Mundes.

Wer war überhaupt hier der Wahnsinnige? Warum erlaubte ich mir eigentlich ihm zu folgen? Endlich erreichten wir den Einstieg, wo wir schweißtriefend versuchten, die Verstrickung der Seile und Schlingen zu lösen, die mich wie einen sagenhaften

Märchenkraken fesselten. Meine Hände waren weiß und weich, Eiter triefte aus einigen geborstenen Blasen. Kor genehmigte mir einen Schluck Wasser oder zwei, die meinen Durst nur weiter anfachten, band sich ein und zog nach oben davon. Ein turmhohes Hirngespinst in Menschengröße, gekleidet in ein weißes T-Shirt und Kniebundhosen, mit Socken und Kletterschuhen an den Füßen, hing am Überhang über meinem Kopf. Das Juwelenlicht der Sonne versengte meine Gedanken. Über mir hing fast überwirklich ein Wesen, dessen Fähigkeiten am Fels meinen Träumen entsprachen: Layton Kor, als Silhouette verspreizt gegen den Himmel, die Vernunft hatte sich abgemeldet, dafür aber die Körpermächte bis an die Grenze des Wahnsinns gespannt. Ich umklammerte das Seil und gab es dann nach, während er flott einen schwierigen Riss emporführte.
Der Mann war besessen, fürchtete zu fallen und zu versagen, allmächtig auf seiner Suche nach Erfahrung. Er stieg voll Einfallsreichtum. Wenn er die Wahl hatte, entschied er sich immer für die schwierigere Möglichkeit, verspannt, unruhig, sprunghaft, ängstlich, kritisch, glücklich. Er war furchterregend – mehr noch als die Wand – und verschwand hinter der ersten Kante eines Überhangs. Ich saß in der Glut des Schrofenhangs wie ein Kaktussprössling, der dabei ist, in der Hitze zu verdorren. Immer in Erwartung der ungeduldigen Aufforderung: »Auf geht's, herauf mit dir!« Der Fluss war hundertfünfzig Yards tiefer und glänzte auch im Schatten. Der Gedanke, mir dort kühlende Labung zu verschaffen, wurde von der Aussicht auf den Wiederaufstieg ausgelöscht.

Wegen seiner Länge passte er nicht auf die Standterasse und hatte sich deshalb in umbequemer Haltung zwischen die Felsschichten geklemmt. Im Nachstieg, während ich mich mit

Powerzügen und Längenmoves herumärgerte, entpuppte sich der alte Rucksack als mein schlimmster Widersacher. Jedes Mal, wenn ich dachte, ich stünde sauber im Gleichgewicht, taumelte ich plötzlich nach hinten und verbrauchte wertvolle Kräfte, um meine Balance wieder zu gewinnen.

Meine Hände waren eine Katastrophe: Ich konnte kaum den Kletterhammer halten – vom Herausschlagen der Haken ganz zu schweigen. Schon am ersten Stift scheiterte ich, obwohl ich ihn bis zur Erschöpfung bearbeitete. Ich war überzeugt, dass Layton ihn unwiederbringlich hineingedroschen hatte und ließ ihn stecken. Plötzlich fühlte ich mich total unsicher und kreischte nach Zug. Ich bekam einen Meter Seil. Die Verständigungsprobleme machten mich wahnsinnig, und mein Geschrei wurde im Toben des Flusses ertränkt.

»Hast du den Haken dabei?«, fragte Layton, als ich endlich neben ihm stand.

Ich zuckte zusammen: »Ja ja, er muss hier irgendwo hängen.« Er beschwerte sich über seine schmerzenden Zehen und bestand darauf, die folgende Länge zu führen. Ich war noch zu sehr mit meiner Lüge beschäftigt, um mich mit ihm herumzustreiten. Er spreizte über einen eindrucksvollen Überhang hinauf und verschwand himmelwärts. Die Route schien speziell für Kor gebaut zu sein, denn alle Griffe waren jenseits meiner Reichweite. Layton wollte mir die dritte Seillänge aufdrängen, um mich den traurigen Zustand meiner Hände vergessen zu lassen. Vor lauter Schmerzen konnte ich den Hammer nicht halten, der Fels zeigte sich jedoch kurzzeitig einsichtig, so dass ich ungesichert zu einem Standplatz, hundert Fuß gerade über uns, hinaufsteigen konnte. Dies beeindruckte Kor, aber es regte ihn auf, dass ich den Sack nicht nachziehen konnte. Meine Hände machten einfach nicht mehr mit.

Er hastete die Seillänge empor, und wir zerrten gemeinsam an dem unbeholfenen Seesack. Dann wurde mir mitgeteilt, dass ich am Ende meiner Karriere als Vorsteiger angelangt war. Hier begann der Krieg. Plötzlich und vollkommen unerwartet, fing Kor an zu brüllen: »Wo ist eigentlich dein Steinschlaghelm?!«

Ich fragte, »mein was?«

Er schmetterte eine Handvoll Seilschlingen mit solcher Wucht gegen die Wand, dass ich glaubte wir würden beide runter fliegen. Er trat gegen den Fels und kreischte – als ob er mich im nächsten Augenblick erwürgen wollte: »Kein Mensch klettert im Black Canyon ohne Steinschlaghelm!«

Ich war so eingeschüchtert, dass ich total übersah, dass er selbst keinen trug. Zu diesem unpassenden Zeitpunkt ließ ich indiskreterweise einen Furz entweichen, dessen unsagbar ekliger Gestank allen Sauerstoff aus der Umgebung unseres Felsvorsprungs verdrängte. Es dauerte nur einen Augenblick (der mir wie eine Ewigkeit vorkam), bis die äußerst schlechte Botschaft an Kors Nase gedrungen war. Fast hätte ich mich lieber ausgebunden, um mich in die Tiefe zu stürzen, als diesem furchteinflößenden Dämon die Stirn zu bieten, der fast kotzend neben mir stand.

Seine Gestalt lauerte über mir, das Gesicht vor Wut verzerrt. Er stieß einen markerschütternden Schrei aus und tobte die Wand hinauf, ohne Haken anzubringen, von denen ich wusste, dass ich sie brauchen würde. Mir wurde fast schlecht, als ich zusah, wie er sich dem grausamen, schwindelerregend überhängenden Riss entgegenwarf, während das Kletter- und Materialseil wie zwei Kobras frei zu mir herunterhingen.

Meine Finger hatten alle ihre Beweglichkeit verloren. Ich nahm den Rucksack ab und legte ihn auf den Haulbag, der ungesichert und bequem auf dem Standplatz lag. Es hatte sicher fünfund-

vierzig Grad im Schatten, und mein Durst war unerträglich. Ich zwängte Hand und Arm in den Sack und zerrte eine Flasche heraus. Während ich mit einer Hand sicherte, löste ich mit meinen Zähnen den Drehverschluss und begann mich volllaufen zu lassen. Die Atmosphäre hatte sich so grundlegend geändert, dass mir schwindelte. Ein gedämpftes »Stand« von oben war für mich das Zeichen, die Flasche so schnell wie möglich wieder im Haulbag verschwinden zu lassen. Wasserklauen könnte ja mit noch mehr ungesichertem Vorsteigen bestraft werden.
Während ich mit Flasche und Sack herumfummelte, straffte sich das Materialseil; gerade war die Flasche in der Öffnung verschwunden, als sich der große Sack nach oben in Bewegung setzte – zu meinem Entsetzen mit meinem Rucksack obendrauf, wo ich ihn platziert hatte. Das schwere Bündel blieb intakt und wurde über den Wulst geschleift, einem Ort entgegen, den ich nicht einsehen konnte, wo aber allen Hinweisen nach zu urteilen Kor im Moment dabei war, vor Wut seinen Verstand zu verlieren.
»Gottverdammt, meine Arme sind total im Eimer!«, tobte er.
Ich musste meine Gedanken zusammenhalten. Eine Demonstration von Können würde, so hoffte ich, mich vor dem Zorn des Monsters dort droben bewahren. Aber ich schaffte es gerade, einige Zentimeter an Höhe zu gewinnen, ohne Zug zu brauchen. Mit großem Können verschliss ich meine Stimmbänder dabei, nach einem straffen Seil zu jaulen. Meine Hände glichen zwei Klumpen aus Dreck, Eiter und zerfetzter Haut. »Fers-Zehen-Technik!«, brüllte Kor.
Das ermutigte mich, was zur Folge hatte, dass ich beim Versuch herauszufinden, was er damit meinte, ein paar Meter in die Tiefe flog. Am Stand hatte er seine Fassung wiedergefunden, aber sprechen tat er nicht mit mir. Wir hingen im Schlingen-

stand an zwei schwächlichen Knifeblades, denen Layton gerne entflohen wäre. Ein schwieriger Kamin wurde jetzt zu seinem Studienobjekt. Er würde ihn wohl in verantwortungsbewusster Weise vorsteigen, nahm ich an, denn uns lag ja nicht daran, hier zu sterben ... oder? Aus Wassermangel fing ich an zu halluzinieren. Adrenalin wurde ausgeschüttet. Die Techniken, die ich einsetzte, aber nicht kapierte, als ich irgendwie das Hindernis – diesen 5.10er-Kamin[2] – nachstieg, erstaunten und inspirierten mich. Ganz tief drinnen fand ich Techniken des Überlebenskampfes, die wohl nie wieder hervortreten werden. Ich war total konfus, griff auf ungeahnte Reserven zurück und verdrehte meine Glieder in hundert Variationen einer göttlichen Herumfummelei.

Eines war wenigstens klar: Der Rucksack und ich würden zusammen nicht durch den Schlitz passen. Kor riet mir, die Yosemite-Nachziehtechnik einzusetzen. Ich sollte den Sack an eine lange Schlinge an meinen Sitzgurt hängen und den weit unten baumelnden Sack hinter mir herziehen. Sofort bereute ich es, mich hierauf eingelassen zu haben, denn es war 5.11[3], das Ding bloß vom Rücken zu kriegen.

Dann verhängten sich die Rucksackriemen an jedem Felszacken, und ich war sicher, dass mich der Zug zwischen dem straff nach oben führenden Seil und dem unbeweglichen Gewicht in der Tiefe auseinanderreißen würde. Mit viel Zug, mich teilweise auch selbst am Seil hochzerrend, erreichte ich irgendwie Kors Standplatz. Kor verlor keine Zeit, eine weitere obskure, überhängende Seillänge hinaufzutoben. Seine außergewöhnlichen Fähigkeiten traten deutlich zutage. Es war klar, weshalb er in der Welt des Felskletterns zu den ganz Großen zählte.

---

2 Schwierigkeitsgrad, ungefähr 7 nach UIAA-Skala.

3 Schwierigkeitsgrad, ungefähr 8 nach UIAA-Skala.

Die Seillänge war rein hakentechnisch[4] und Steigklemmen[5] gab es damals noch keine; ich dachte, ich würde sterben beim Versuch, von einem Haken zum nächsten zu hangeln.
Wie schon gewohnt bestand kein Sichtkontakt zwischen uns, so dass Layton nicht unterscheiden konnte, ob mein atemloses Gejammer auf einen Sturz zurückzuführen war, ob ich um Zug bettelte oder einfach vor Schmerz aufschrie.
Ich versetzte jedem Haken einen halbherzigen Schlag und verzog das Gesicht, ehe ich entschied, dass er zu fest saß und damit eigentlich ein Fixed Pin[6] war. Ich hatte die Herrschaft über meine Hände verloren, die Stimme und den Kampfgeist eingebüßt – nur die Hoffnung war mir geblieben, dass wir bald biwakieren würden und die Wasserflaschen leer trinken könnten, um uns so irgendwie zu erholen. Die Haken blieben drin, und ich schämte mich, kämpfte aber weiter. Während ich meine letzten Willensreserven mobilisierte, um mich auf die Sicherungsterrasse zu hieven, fiel mein Blick auf den Kameraden. Kors Haare standen in alle Richtungen ab. Sein Mund und die Augenhöhlen waren voll Dreck. Schweißperlen rannen ihm über die Wangen. Ein Grinsen, das nur ihm selbst gehörte, lief in seinem berühmten Rehbockgebiss zusammen. Er war der Aufruhr am Rande des Zorns, fast genial begabt, angetrieben durch die pure Power. Er erhob sich über andere Kletterer durch eine Glut und durch sein unwahrscheinliches Können.
»Hast du die Haken mitgebracht?«, fragte er.
Ich hatte keinen einzigen bei mir, denn ich schien zu glauben, der Ausstieg sei nahe und diese paar kleinen Metallstreifen

4 »Klettern«, bei dem Haken und sonstige Hilfsmittel zur Fortbewegung dienen. Wird auch als »technisches Klettern« bezeichnet.

5 Gerät für den relativ anstrengungslosen Aufstieg am fixierten Seil.

6 Haken, der im Fels bleibt und so zum fixen Bestandteil einer Route wird.

dürften nicht entscheidend sein. Ich war unfähig zu sprechen, nickte aber zustimmend mit dem Kopf, während ich zurücksinkend nach Luft schnappte.
Wir waren gerade zweihundert Meter über dem Schluchtgrund und nicht einmal auf halber Strecke zur Kante des Plateaus.
Kor musterte mich beunruhigt: »Du siehst schlecht aus, Ament. Du bist bleich.«
Dann machte er sich über die nächste, ebenfalls recht beeindruckende Seillänge her, sondierte ihre ästhetischen Qualitäten.
Was hätte ich tun können oder sagen sollen? Das Leben erschien mir wie eine Krankheit, gegen die noch niemand eine Arznei gefunden hatte. Der Gedanke an den weiteren Aufstieg war furchtbar, aber vor einem Rückzug hatte ich mindestens genau so viel Angst. Abseilen würde nämlich bedeuten, dass Kor die Haken finden musste. Außerdem wären wir dann gezwungen, uns wieder die grausige Rinne hinaufzukämpfen.
Zu meinem Erstaunen kam Kor wieder herunter und begann kommentarlos, eine Abseilstelle einzurichten. Sein plötzlicher Entschluss erfüllte mich mit widerstreitenden Fragen. Erst später sollte mir klar werden, dass es Kors ehrliche Besorgnis über meinen Zustand war, der ihn umdrehen ließ.
Er setzte einen Bohrhaken, und ich beobachtete, wie sich das kleine Ding verbog, als er sein Gewicht dem Seil anvertraute. Ich lauschte dem Klingen von Metall gegen Metall, als er abseilend die Haken entdeckte und entfernte. Kleine, undeutliche Fetzen seiner Flüche schwebten zu mir herauf und endlich das Kommando »Seil frei!«
Ich war überzeugt, mich nicht am Seil festhalten zu können – trotz der Seilbremse – aber fügte mich, es zu versuchen. Layton hielt Wache an den Seilenden falls ich plötzlich beschleunigen sollte. Im Verlauf dieser Abseilfahrt verwandelten sich meine

Blasen in bluttriefende Fleischgräben, stechende Wellen des Schmerzes durchpulsten meine verkrampften Finger.

Kor verachtete meinen Mangel an Aufrichtigkeit genau wie ich selbst. Das war der halbe Schmerz. Sein Lächeln nagte an mir in kaum erträglicher Klarheit. Einen Moment lang war er mitfühlend und ich konnte andere Seiten von ihm erahnen, die auch da waren – geduldige, einsichtige Aspekte seines Charakters. Mein Elend und Leiden drangen zu ihm durch die Einöde seines Blicks. Mein zerrütteter Zustand ließ in Kor den Wunsch wach werden, dem Black Canyon des Gunnison River zusammen mit dem ganzen Südwesten von Colorado zu entfliehen.

Ein plötzlicher, heftiger Gewitterregen brachte uns Erleichterung, wenn er auch von Donnerkrachen und beunruhigend dicht vorbei zuckenden Blitzen begleitet war. Nach einigen schmerzhaften Abseilfahrten standen wir in der Dunkelheit am Einstieg. Über uns erhob sich abschreckend und verhängnisvoll die bösartige Rinne, erfüllt von der unbestimmten Bedrohlichkeit der Nacht.

Das Wort »Klettern« trifft nur ungenau den nun deutlich werdenden psychischen Verfall und die abgrundtiefe Enttäuschung. Mein schuldloses Versagen mit all seinen grausamen Auswirkungen auf meinen Geist und die Welt meiner Gefühle war unentrinnbar wie die Hitze. Mir gelang es nicht, die heldenhaften Bilder und romantischen Einsichten hervorzuzaubern, die so manche gekreuzigte Seele vor solcher Plage und Verzweiflung bewahren. Kor entschwand nach oben in die Nacht und überließ mich den Dämonen der unerträglichen, unauslotbaren Unsicherheit – sowie dem Hardware-Rack[7] und dem schweren, wassertriefenden Seil, das ich kaum vom Boden heben konnte.

---

7 Transportschlinge für das Klettermaterial

Ich hatte mein Herz von ihm schmieden lassen und wusste merkwürdigerweise, dass ich es wieder tun würde. Ich liebte Kor und hasste ihn und konnte beides nicht abstreiten. Die Rinne war eine üble Aufgabe, die ich alleine lösen musste. Kor war irgendwo weit über mir, oder er lag vielleicht auch schon zerschmettert in der Tiefe. Dies war eine verzwickte Frage, denn eigentlich war *ich* es ja, der einen Sog in die Tiefe verspürte.

Ich hielt auf den Lichtschimmer des Himmels zu, über steile Platten, durch Schlamm und Dornenbüsche, über lose Blöcke, als ob ich meine Knochen durch ein Grab zu lotsen hätte, immer emporkrallend in Richtung auf einen gedämpften Widerschein der Scheinwerfer des Ford. Ich steigerte meine Anstrengungen, stolperte durch den Salbei, stieg in den Wagen, schlug die Tür zu und schlief ein.

Layton war entschlossen, die Rückfahrt nach Boulder gleich in dieser Nacht durchzuziehen. Ich spürte kein Bedürfnis, meinen Schlummer mit dem Alptraum seiner Raserei entlang der haarsträubenden Dreckstraße zu vertauschen. Er segelte auf der falschen Straßenseite um die Kurven und verlangte von mir, dass ich ihm Lieder vorsang, um ihn wachzuhalten. Dem Radio waren nur noch Pfeiftöne zu entlocken.

Ich krächzte einige heisere Töne, während mein Kopf ihm langsam auf den unruhigen Schoß sank – zurück in den Schlaf. Er versuchte mich einige Male zu wecken, ich setzte mich dann auf, nur um wie eine Leiche wieder auf seinen Schoß umzukippen, immer noch pflichtbewusst vor mich hinsummend.

Meine Augen öffneten sich in der Stadt Gunnison. Mitternacht war vorüber, wir hatten angehalten, und Kor klopfte draußen an die Tür einer A & W - Rootbeerdiele[8], die natürlich

8 Rootbeer ist ein alkoholfreies Getränk, das nur Amerikaner schlucken

schon geschlossen hatte. Er sah aus wie der Tod, was immerhin bewirkte, dass der Hausmeister ihn aus Besorgnis hereinließ. Nun wurde der arme Kerl auch noch dazu gezwungen, dieser Erscheinung einen Rootbeer-Float zu richten. Ich schlief wieder ein. War dies etwa die Wirklichkeit?

Etwa eine Stunde später zog Layton den Wagen in eine Art Haltebucht, stieg aus, warf seinen Schlafsack, mich und meinen Schlafsack hinaus in den Staub des Straßenrands. Dort schliefen wir den Rest der Nacht. Bei Morgengrauen flohen wir in den Ford, um uns vor dem abartigen Humor eines Ranchers und den zweitausend Hufen der fünfhundert Kühe, die er auf uns zutrieb, in Sicherheit zu bringen.

Auf der ganzen Heimfahrt sprach Kor mit mir kein Wort, erstattete aber in Boulder ungefragt einigen Kletterern Bericht. Seine Darstellung klammerte die Einzelheiten der Schinderei aus und beschränkte sich auf: »Ament ... hat alle Haken dringelassen, so dass wir umdrehen mussten.« Ich erinnerte mich daran, wie ich ihm im »Bastille Crack« in Eldorado sein Leben gerettet hatte, und hielt ihn für undankbar. Nur langsam wurde mir klar, wie dicht ich am Chasm View und der ausgesetzten Steilrinne an meine Grenzen herangekommen war. Durch meine jungen Augen und die blöde Unsicherheit sah ich Kor als den Unehrlichen ... aber ein wenig Nachdenken brachte mich wieder zur Besinnung. Im Grunde genommen hatte er ja die Wahrheit gesagt. Ich verstand und verzieh ihm seinen Wahnsinn.

Er hatte mir den Black Canyon gezeigt, hatte mich verwirrt, meinen Willen und mein Selbstbewusstsein gefoltert; jedoch

---

können. Es schmeckt wie »Double-Bubble«-Kaugummi (brr!). Eine Rootbeerdiele ist also der Ausschankort für diesen Göttertrunk. Ein Rootbeer-Float entsteht, wenn man dem Gesöff eine Kugel Vanille-Eis hinzufügt.

schmiedete er nach unserem Abenteuer bald von neuem Pläne, doch wieder mit mir in Eldorado zu klettern; er konnte die Wand am Chasm View dann manchmal auch vergessen, lachte, und war – trotz alledem – mein Freund.

Panische Zeiten

Rotpunktpioniere in den Dolomiten

von Nicholas Mailänder

Die CHRISTIAN-KEHRER-REISEN vor uns schienen sich endgültig in der Haarnadelkurve verklemmt zu haben. »Spar Dir Nerven und Verdruss – Fahr mit uns, fahr mit dem Bus«. Münder in rotbraunen Piz-Buin-Gesichtern bewegen sich unter grauem Haar, gescheitelt und gelockt. Aus hellen Sommerkleidern und Tennishemden heraus deuten Arme erregt die Passstraße hinauf. Aber der Fahrer des gegnerischen Gefährts aus Roma zuckt nur mit den Schultern und weist nach hinten auf die Kolonne, die sich an der nächsten Biegung im Lärchenwald verliert. »Scusi Signore, vadi in dietro per favore!«[1]
Rückzug unter Fanfarenstößen zur nächsten Ausweichstelle. Über der asphaltierten Schneise liegt ein dünner gräulicher Nebel, an den Fahrzeughecks verdichtet zu kleinen Wölkchen, die der einsetzende Aufwind im Hochwald verteilt.
So schlimm kann es der König Laurin auch wieder nicht gemeint haben, als er seinerzeit den Rosengarten verflucht hatte. Durch eine Lücke in den Bäumen schaut er herab, ein bisschen blass zwar wegen des Dieselqualms vom MAN, der sich soeben an seinem welschen Widersacher vorbeischiebt. Wir kurbeln das Fenster hoch, und mit schleifender Kupplung, den Geruch von brennendem Graphitkautschuk in der Nase, geht's ruckweise durch Vallonga und Chiusel hinauf zum Karerpass.
An allem ist der Pete schuld. Grinsend sitzt er neben mir, der »hässlichste Kletterer Englands«, wie er sich stolz nennt. Vor neun Uhr kriegt er seinen korkenzieherlockigen Halbglatzkopf nie vom Kissen, und danach auch bloß, wenn ihm jemand eine Tasse Twinings unter die platte Nase hält. Dann stopft er sich gewöhnlich seinen dürren Leib eine Stunde lang mit weißen Bohnen, klebrigem Weißbrot und Heinz-Spaghetti voll und

---

1 »Bitte fahren Sie zurück, mein Herr.«

fängt endlich an, im Extremen Pause[2] zu blättern. »Isn't there any proper climbing in the Dolomites?«

»Was soll das heißen? War die Messner-Führe durch die Nordwand des Zweiten Sellaturms gestern vielleicht kein 'richtiges' Klettern?«

»Easy rubbish!«

Pete schiebt seinen fliehenden Unterkiefer trotzig nach vorn. Peter Liveseys Ruf als bester englischer Kletterer war fast zehn Jahre lang unangefochten. Seine Freunde nennen ihn in spöttischer Hochachtung »God«.

Er blättert im Buch, hält inne: »This looks good. Where is it?«

Ich schaue ihm über die Schulter. »Du spinnst, der 'Hermann-Buhl-Gedächtnisweg' an der Rotwand ist VI/A2,[3] der geht nie frei!«

»We'll see!«

Eine halbe Tasse Darjeeling fliegt in die Alpenrosen, etliche Saubohnen in den Abfall, die Schlafsäcke zurück ins Zelt. Eine dreiviertel Stunde später kocht unser Kadett im Stau an der Karerpassstraße. Elf Uhr ist es, als wir unser Klettergeraffel an der Talstation des Sessellifts zur Paolinahütte im Rucksack verstauen.

Den Rucksack auf dem Bauch, lehne ich mich in meinem schwankenden Liftsessel zurück. Wir fahren direkt auf die Rotwand zu. Sie sieht aus wie eine senkrecht gestellte Resopaltischplatte. 400 Meter über dem Geröllkar, rötlich-gelb, was bedeu-

---

2 Vorschlagband mit den hundert ultimativen Kletterrouten der Alpen, die man bis in die frühen Achtzigerjahre als echter Sestogradist gemacht haben musste.

3 Schwierigkeitsgrad, Kombination aus freier Kletterei (6 nach UIAA-Skala) und Kletterei mit technischen Hilfsmitteln (A2) – zwei Trittschlingen oder Trittleitern werden zur Fortbewegung verwendet.

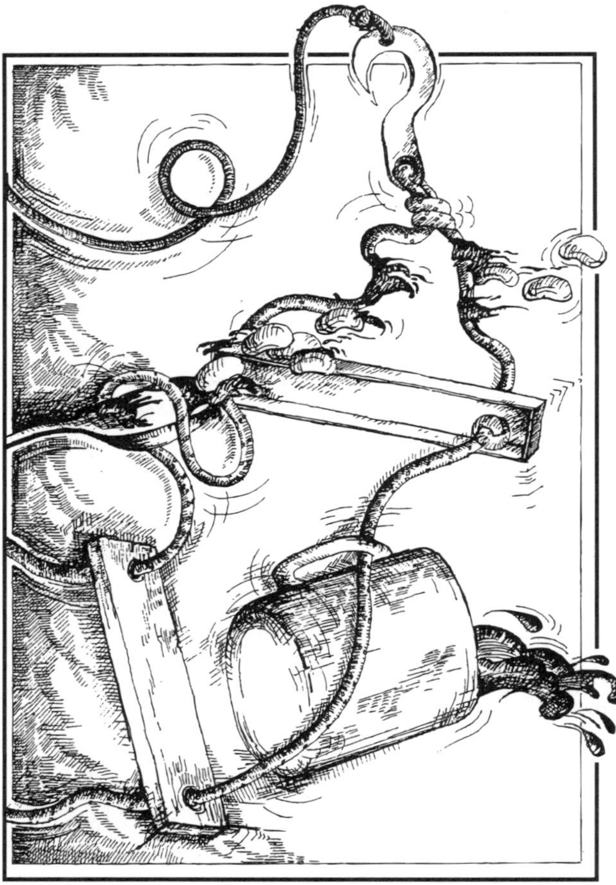

tet, dass nicht viel Wasser an sie rankommt. Bei genauerem Hinsehen löst sie sich jedoch in ihre Strukturen auf: unten der 60 Meter hohe Vorbau – no problem – dann kommt's allerdings dick, der Hakenriss durch die überhängende Bruchwand zu den grauen Rampen, die relativ leicht schräg nach rechts ins zweite Wanddrittel führen. Der 90-Meter-Schulterriss darüber ist deutlich zu erkennen, den man bis zur Bohrhakenleiter in der Wandmitte verfolgt, doch darüber nur noch ungegliederte Glätte, bis hinauf zum großen Band unter den Gipfelüberhängen.

Im Herbst des Jahres 1958 haben sich Lothar Brandler und Dietrich Hasse, die damals wohl zu den besten Kletterern der Welt zählten, fast vier Tage lang durch diese Wand gekämpft. Drei Biwaks, teilweise in Hängematten, 180 Haken, Bohrhaken und Holzkeile, Schlingenstände, Hunger, Durst, Unsicherheit.

Bis Mitte der sechziger Jahre galt der »Buhl-Gedächtnisweg«[4] als sehr schwierig. Wiederholer ließen jedoch Haken stecken an Stellen, die Hasse und Brandler in riskanter Freikletterei bewältigt hatten.

Man wurde frecher und degradierte die Route zu einem zwar anstrengenden, aber dennoch trivialen »Hakenrassler«. Im »Pause« stehen 12 Stunden Begehungszeit, aber eben mit Trittleitern und dem sonst üblichen Krempel. Der Pete, das alte Schlitzohr, hat jedoch meine Leiter aus dem Auto geräumt und irgendwo beim Zelt in den Latschen versteckt. »Aid climbing«, also die Kletterei mit künstlichen Hilfsmitteln, ist für ihn ein Schimpfwort. Wenn er nicht so, nur mit Händen und Füßen hinaufkommt, seilt er lieber wieder ab und lässt sich den Kopf mit Vino Rosso voll laufen.

---

4 Hier hielt sich der berühmte Bergsteiger Hermann Buhl einmal längere Zeit auf. Siehe in seinem Buch »Achttausend Drüber und Drunter«.

Warum habe ich mich jemals mit diesem Irren eingelassen? Ich weiß genau, sobald seine ausgelatschten Turnschuhe den Boden berühren, startet er durch und bringt den flachen Weg Richtung Kölner Hütte im Marathontempo hinter sich: Dann dreht er auf und tobt über die steile Geröllhalde zum Einstieg, dass es die Pumpe auf 190 hinaufdrückt. Wieder einmal so ein gnadenloses Geknüppele, aber meine einzige Chance, es ihm zu zeigen! Er klettert zwar eine gute Klasse besser als ich, aber im anaeroben Berglauf habe ich ihn bisher noch immer niedergemacht. Startschuss. Den misstrauischen Blick des Liftwärters im Genick, geht es um den Betonkasten herum in die Gerade. Die Füße kennen die Arbeit und finden automatisch den besten Tritt auf dem steinigen Bergweg. Das Gepäck schlägt gegen den Laufrhythmus ins Kreuz.

Ich treibe diesen Blödsinn schon viel zu lange, um den Rucksack die nächste Geröllrinne hinunterzuschmeißen, mich auf einen der schön angewärmten Karblöcke in die Sonne zu legen und dem Psychopathen aus Yorkshire zu einem seiner berüchtigten Alleingänge zu verhelfen. Aber die Unlust, die jetzt heraufdrückt, wird unwiderstehlich. Meine Beine fangen an zu schmerzen, werden schwer und langsam. Pete blickt zurück und zieht triumphierend davon. Ich lasse ihn laufen. Seit einer Woche täglich das Gleiche, aber Zweiter konnte der Livesey noch nie sein. Allerdings habe ich auch schon von Petes Ehrgeiz profitiert und mich gefreut, an seinen »drive« angeschlossen zu sein. Als Sechzehnjähriger hatte ich mich, lang ist's her, in zehnstündigem Kampf den Tofanapfeiler hinaufgequält. Eine freie Begehung in einem runden Drittel dieser Zeit hätten wir damals nicht für möglich gehalten. Die Buben aus Vorarlberg haben vor vier Tagen auch noch ganz schön gestaunt, als Pete am ersten, laut »Märchenbuch«[5] 1 1/2 Meter hinausragenden Dach, an Untergriffen hinausspazierte. Wenig später spreize ich durch die Verschneidung zum zweiten Überhang, finde einen guten Untergriff, die Finger verklemmen sich im horizontalen, das Dach durchschneidenden Riss und erwischen endlich die Schwarten über der Kante. »Off belay!«[6] Nach dem überhängenden »Buhl-Gedenkkamin« lässt sich der spinnende Engländer nur durch mein Gezeter davon abhalten, das Seil aufzuschießen. Zwei Stunden später schnarcht er auf seiner Schaumstoffmatratze in der Mittagssonne.

Am nächsten Morgen verbreitet die mit uns verbundene Amazonenseilschaft schon um halb acht eine ekelhaft hektische Aufbruchatmosphäre. Jill und Liz wollen sich die erste Alldamenbegehung der »Scotoni« holen. Die Beschreibung im Führer scheint sie zu beunruhigen: » ... Nach 15 Meter Aufstieg erreicht man eine Platte. Diese wird mit Haken, Trittschlingen und einem doppelten menschlichen Steigbaum, dann mit einem schwierigen Pendelquergang nach rechts bezwungen ...«

Den Livesey interessiert eigentlich nur die erste Seillänge, die den Ruf einer »anstrengenden« Kletterei genießt.

Jeder Widerstand erweist sich als zwecklos. Schlaftrunken werden wir über den Falzaregopass ins Abteital verfrachtet. Einmal vor Ort bleibt uns nicht anderes übrig, als in den Fußstapfen des schwachen Geschlechts zum Einstieg zu hecheln.

Hier treffen wir auf Franco Nero und Titi Capone. Sie sehen aus wie eine Mischung aus Yosemite-Freiklimmer, Amazonas-Papagei und Räuber Hotzenplotz: schulterlange schwarze Haare,

---

5 So sprachen viele Bergsteiger respektlos vom alten Langes-Dolomiten-Kletterführer. Auch seinem Vorgänger Gallhuber war es nicht viel besser ergangen.

6 »Stand!«

wilde Bärte, Franeo trägt kanariengelbe, Titi giftgrüne Trainingshosen, beide Psychedelic-Hemden, dass es selbst abgehärteten LSD-Freaks schwummrig werden würde.

»Hi!«, meint Pete und lässt sich schmunzelnd auf dem Vorbau nieder. Die Konkurrenz grüßt freundlich. Zwei Stunden später ist uns das Lachen vergangen. Wir sitzen immer noch auf dem Vorbau, während unsere Damen den Paradiesvögeln auf den Hacken herumtanzen. Dort oben scheint ein Weltbild in die Brüche zu gehen, denn offensichtlich lösen Jills Überholversuche Panikverhalten bei unseren italienischen Freunden aus: »Dai, Titi, dai! Velocita!« [7]

Schließlich verlagert sich der Schauplatz des Geschlechterkriegs in die zweite Seillänge, so dass Pete einsteigt. Er ist richtig zerknirscht, sich an einem Haken ausruhen zu müssen, spricht der Länge den neuen Schwierigkeitsgrad »DD« (desperately difficult) zu.

Das Rennen zwischen der anglo-amerikanischen Frauenequipe und den romanischen Berghelden ist inzwischen zum totalen Krieg eskaliert. Wir versuchen das Schlachtfeld so weiträumig wie möglich zu umklettern. Titi Capone, der mit der giftigen Hose, zittert am einfachen 9-mm-Seil voraus. Der Strick, der aussieht, als habe er der Arche Noah am Ararat als Ankerleine gedient, hängt beim »Sichernden« zehn Meter durch. Denn Franco Nero, der Kanarienvogel, ist auf der Flucht vor Liz, um ja nicht überholt zu werden. »Madonna!«

Oben auf dem zweiten Band legen wir uns in die Sonne. Nur noch von fern klingt das Kampfgetöse herauf. Plötzlich ein furchtbares Keuchen und Knattern in der Schotterrinne unter

---

7 »Auf geht's Titi, beeil' dich!«

uns, Franco und Titi kommen im Alleingang herangestürmt. Etwas abgekämpft zwar, aber mit siegesbewusstem Blick und stolzgeschwellter Brust verabschieden sie sich lächelnd und entschwinden in die Ausstiegskamine. Trotz meiner miesen Laune muss ich beim Gedanken an die zwei Gestalten grinsen, als ich das Kar zum Rotwand-Vorbau hinaufstolpere.

Pete sitzt schon ungeduldig am Einstieg und wartet darauf, dass sich der Ich-Erzähler wieder in die Rahmenhandlung einklinkt. Natürlich wäre es unter unserer Würde, an dem im Topo als »sehr schwierig« bezeichneten Vorbau ein Seil anzulegen. Klopfenden Herzens haste ich vorbei an einigen Mauerhaken, die Vorgänger hinterlassen haben.

Am Anfang des überhängenden Hakenrisses wechseln wir aus den Turnschuhen barfüßig in die EBs[8]. An einigen Haken beziehe ich einen Standplatz, um Pete am Doppelseil über die erste Schlüsselstelle hinaufzusichern.

Ich kapiere immer noch nicht, wie er das macht. Wo andere stundenlange Leiterspielchen treiben, spreizt und klemmt er sich frei in einer unvorstellbaren Geschwindigkeit empor. Kaum zehn Minuten braucht er für diese Seillänge, die bei den Amis gut 5.11[9] wäre. Beim Nachstieg mit dem Rucksack komme ich aus dem Staunen über seine Kombinationsfähigkeit nicht heraus, denn an den Magnesiaspuren ist genau zu sehen, wo er sich festgehalten hat. Ich gebe den Rucksack ab und quere, zwei »offizielle« Seillängen zusammenfassend, hinüber in den

---

8 Kletterschuhe der Marke »Super Gratton«. Vor vielen, vielen Jahren begann mit ihnen die Ära der modernen Reibungskletterschuhe. Heute vermutlich nur noch in alpinen Museen anzutreffen.

9 Nach der UIAA-Skala etwa der 8. Schwierigkeitsgrad. Vor lauter Ehrfurcht hat der Ich-Erzähler diese Passage damals wohl aber etwas überbewertet; sie wird heute allenfalls noch mit 7- gehandelt.

Schulterriss. Wir sind beide in Hochform, ich auf 59 Kilo abgespeckt. Es ist eine wahre Freude, durch den gutgriffigen, eine lotrechte Mauer durchschneidenden Riss hinaufzuspulen, als ob wir keine Grenzen hätten. Die Haken neben dem Riss scheinen funktionslos, ein Anachronismus. Anderthalb Stunden nach dem Einstieg sind wir in Wandmitte. Ein Blick nach oben führt zur blitzartigen Ausnüchterung unseres Kletterrausches, der Riss verliert sich in einer gelblichen Wand von etwa 95 Grad Neigung. Hasse und Brandler haben hier wohl einen anregenden Nachmittag damit zugebracht, Löcher ins fugenlose $CaMg(CO_3)_2$ zu bohren. Die 12 Meter hohe Wandstelle gleicht dem schönsten Sichtbeton. Unter uns bricht die Wand etwa 200 Meter tief ab, die Einfamilienhaus großen Karblöcke sehen aus wie von Faller. Kleine Steinchen, die wir lösen, fallen ins Leere, ohne den Fels einmal zu berühren.

»Watch me, Pete!« An winzigen Unebenheiten, Bändchen und Löchern schwindele ich mich schräg nach rechts, die Beine weit verspreizt, damit der Schwerpunkt so nahe wie möglich an der Wand bleibt, es gelingt, vier Haken auszutricksen, dann ist »Sense«. Oben links befindet sich zwar eine schräge Leiste, ich brauche auf meinem ein Zentimeter breiten Bändchen, an dem ich mich im Stütz festhalte, aber beide Hände, um nicht nach hinten zu kippen. Gerade, als die Linke nach dem Ziel greifen will, rutscht ein Fuß von seinem Reibungstritt. Fünf Meter tiefer finde ich mich im Seil pendelnd wieder, hämisches Grinsen vom Standplatz.[10]

---

10 Anständige Freikletterer haben sich mit einem zwangsneurotischen Regelwerk eingestrickt, so dass ihr alpinistisches Über-Ich sie auch fern jeder Kontrollmöglichkeit durch die Peergroup zur Einhaltung eines In-Groupspezifischen Rituals anhält. Will man also guten Gewissens verkünden können, man habe ein Passage »frei« geklettert, so dürfen die Sicherungen nur im Vorstieg aus der Kletterstellung heraus ange-

Hakentechnisch hinauf, um alles für die Rückrunde auszuhängen. Gong. Bald finde ich mich in der gleichen Position wie vor meinem »Abpfiff«. Die Unterarme sind hart, der Verkrampfung nahe, der Atem geht keuchend, ich versuche, ihn zu kontrollieren, um die Konzentration zu verbessern.
Den Griff anpeilend schnellt der Oberkörper empor. Die Kralle klinkt in dem Augenblick ein, in dem sich die Füße von den Minitritten lösen. Nach einem einarmigen Durchläufer schaffe ich es, mich am nächsten Haken zu sichern. Die Füße auf Reibung, den Körper schräg auf Gegendruck, tastet die Hand verzweifelt den Fels überm Haken ab, glatt, glatt, glatt, glatt, nichts!
»Tension!«[11]
Ich lasse mich in die Seile fallen, vorbei. Die Power ist vorerst draußen. Pete versucht es, kommt aber auch nicht höher. Widerwillig bringen wir das grifflose Wandstück im Stil der Erstbegeher hinter uns. Es gelingt, die obere Hälfte der Wand frei zu begehen, aber nur unter Aufbietung der letzten Kräfte. Alle Seillängen ähneln sich: steil, kleingriffig und unwahrscheinlich. Übergangslos ist die Wand zu Ende – der letzte Zug in der Senkrechten bringt mich auf eine beinahe horizontale Blumenwiese. Aber von wegen Rast und »weit schweift der Blick hinaus ins Heimatland«: »Let's get out of here, man. I need a beer!«
Schnell tauscht der untreue Bergvagabund, im Zivilleben Dozent

bracht und niemals belastet werden. So sind denn heutzutage recht oft Aufstiegsverzögerungen und partielle Rückzüge zu beobachten, die dem Uneingeweihten rätselhaft erscheinen mögen. Denn oft bewegt sich die Seilschaft nach einer bemerkenswerten Äußerung des Ärgers in eindrucksvoller Geschwindigkeit über die vorige Stelle des Scheiterns gipfelwärts.

11 »Zug!« – sowas wie eine Kapitulationserklärung.

an einem englischen Teachers' College, die stinkenden Kletterpatschen gegen die löchrigen Adidasschlappen und stopft mit hastigen Bewegungen seinen unaufgewickelten Seilsalat samt der Schlosserei in den Rucksack. Ehe er über den Schrofenhang in Richtung Scharte davonrast, dass die Murmeltiere ohne Warnpfiff in ihren Höhlen verschwinden.

P.S. Heinz Mariacher gelang es im Jahr 1982, die gesamte Route freizuklettern. Offenbar sind »glatt« und »grifflos« doch Begriffe, die etwas mit der subjektiven Verfassung des Autors zu tun haben.

Nicholas Mailänder blieb der Kletterei bis heute verbunden. Er arbeitete als Redakteur für eine Alpinzeitschrift, war hauptamtlich beim DAV für das Resort Klettern und Naturschutz und als Kletterchronist tätig. In seinem Buch "Hart am Trauf" (www.panico.de) beschreibt er die exemplarische 100jährige Entwicklung des Kletterns auf der Schwäbischen Alb. Absolut lesenswert – auch für Nicht-Schwaben.

Biwaknacht

Zeit zu denken – Zeit zu frieren

von Emil Zopfi

Als sie gegen Abend den Gipfel erreichten, fällt dichter Nebel herein. Kalte schwarze Ballen kriechen von den Südabstürzen herauf. Graupelkörner schlagen ihnen ins Gesicht. Und es ist klar: Sie werden den Abstieg nicht mehr finden. Auf dem langen, flachen Geröllrücken, der sich gegen die Südabstürze hinunterzieht, gibt es keinerlei Orientierungspunkte. Und der erste Abseilhaken für den Abstieg durch die Wand ist irgendwo in einer steilen Rinne versteckt. Sie wechseln kaum ein Wort. Eine Wandstufe klettern sie ab. Feucht und glitschig ist das Gestein. Dann irren sie weiter über Geröllfelder, über steile Felsplatten, über immer steilere Schneehänge.

Hinunter! –

Ein winziges Stück Hoffnung gibt es immer –

Der Junge gleitet einmal aus –

Sie sind jetzt am Rand der Abstürze, durch die es nur einen einzigen Abseilpfad gibt. Und jetzt ist es Nacht.

Der Ältere bleibt stehen. Der Strahl seiner Stirnlampe stochert in die grundlose, neblige Tiefe hinein. Nichts –

»Wir müssen biwakieren«, sagt er.

»Biwakieren?« Der Junge leuchtet in die Runde. Nur schwarze, nasse Felsplatten. Ein winziger Absatz. Ein Fleck Schnee. Und die grausige Tiefe da unten.

»Hier?«

Der Ältere nickt.

»Hier.«

Dann beginnen sie sich einzurichten. Schlagen Sicherungshaken zwischen die splittrigen Platten. Schichten aus Steinbrocken eine Schutzmauer auf. Verstopfen die Löcher mit Schnee. Es ist gut zu arbeiten. Man vergisst die Kälte, die über den nassgeschwitzten Rücken hochkriecht. Man vergisst den Hunger. Man vergisst vieles –

Jetzt werden sie warten, denkt der Ältere. Spätestens gegen acht bin ich zurück, habe ich ihr gesagt. Und jetzt ist es neun Uhr. Vielleicht hat sie den Tisch schon wieder abgeräumt und die Kinder ins Bett geschickt. Und nun? Ich weiß nicht, was sie machen wird, wenn ich nicht komme. Ich bin noch nie ausgeblieben in all den Jahren, noch nie.
Und ausgerechnet jetzt –
Warum bin ich überhaupt auf diese verdamme Tour gegangen? Warum?
Eine halbe Tafel Schokolade, ein Stück Salami, das ist der letzte Proviant. Kauend hocken sie auf den Seilen, die der Ältere sorgfältig ausgelegt hat. Die Füße stecken in den leeren Rucksäcken. Dem einzigen Kälteschutz, den sie dabeihaben.
»Ist es dein erstes Biwak?«, fragt der Ältere nach einer Weile.
»Ja«, antwortet der Junge. Und kauert sich zusammen. Drückt die Fäuste zwischen die Oberschenkel. An die Wärme. Aber das hilft wenig. Kälteschauer jagen über seinen Rücken. Er ist verschwitzt. Durchnässt. Beißt die Zähne mit aller Kraft zusammen, damit sie nicht klappern. Der andere soll nicht denken, dass er ein Anfänger ist, weil er zum ersten Mal biwakiert. Es gibt große Bergsteiger, die kaum je biwakiert haben. Das hat er gelesen. Höchstens auf den ganz großen Routen biwakieren die. Und die hat er alle noch vor. Ja – die hat er alle noch vor, obwohl er sie schon ganz genau kennt. Aus Büchern, Zeitschriften. Aus Tagträumen, wenn er an der Fräsmaschine steht –
»Frierst du?«, fragt der Ältere. »Du könntest noch etwas Zeitungspapier haben. Ist nicht das Schlechteste, wenn man nichts anderes hat. An der Marmolada damals, als uns ein Gewitter überraschte, hatten wir auch nichts anderes ...«
»Ich halt's schon aus.«, gibt der Junge zurück.
»Es ist erst halb zehn. Und nach Mitternacht wird der Nebel

bestimmt aufreißen. Dann kommt die Kälte erst richtig.« Der Junge antwortet nicht. Und wenn nun der Nebel nicht aufreißt, fällt dem Älteren ein. Selbst am Tag finden wir den Abseilhaken nie in dieser Suppe. Unmöglich ... Ich hätte mich genauer erkundigen sollen. Aber ich bin einfach nicht mehr bei der Sache. Früher hätte man alle Möglichkeiten und Schliche gewusst. Vielleicht gibt es noch andere Routen als über den Abbruch. Aber nun – nun sitzen wir hier ohne Biwakausrüstung, und am Ende bin ich noch verantwortlich.

»Ich habe die Route eigentlich unterschätzt«, sagt er in die Nacht hinein. Mehr zu sich selber als zum Jungen. »Weißt du, früher als ich noch mit Karl gegangen bin, da wäre das ein kleiner Fisch gewesen. Aber jetzt, wo ich nur noch selten zum Klettern komme ...«

Früher, denkt der Junge. Früher. ... Immer kommen sie damit. Mit ihren 'großen Zeiten', verdammt nochmal. Und man weiß ja nie, ob überhaupt alles stimmt, was die erzählen. Bonattipfeiler, Große Zinne-Direttissima, Lauperroute am Eiger. Das kann man ja alles nachlesen. Und dann groß daherreden. Früher ... Seine Hände beginnen scheußlich zu brennen. Als ob sie in einem Glühofen stecken würden. Er hat sich am rauen Hochgebirgskalk die Fingerbeeren wundgerissen. Und vom Ein- und Ausschlagen der Haken hat er Handrücken und Knöchel aufgeschürft. Ja, das ist eine schwierige Tour gewesen. Ein blanker Sechser, hat sein Kollege immer wieder gesagt. Unerhört schwierig ... Und nun kommt ihm der Tag, den sie in der glatten Pfeilerwand verbracht haben, schon wie ein ferner, ein unwirklicher Traum vor. Wie jene Wachträume, die ihm die Tage, die Wochen und Monate an der Fräsmaschine verkürzen ... Wie sind die Stunden in den grauweißen Kalkplatten vertröpfelt. Da hingen sie. Wie mitten in einem mächtigen Hohlspiegel.

Und wenn man den Kopf zurückbeugte, um das Ziel – den Gipfel – irgendwo zu erahnen, dann wurde man geblendet, dass Fels, Himmel und Gedanken nur so durcheinanderflimmerten. Quälend war es, wie das Ziel nie näherrückte. Wie der Gipfel unfassbar blieb. Manchmal war es ihm vorgekommen, als hätte sein ganzes Leben nur aus dieser Wand bestanden. Der Einstieg war so fern und der Gipfel so weit – und ihr Weg durch diese Wand so sinnlos – bis ihn dann jener plötzliche Donnerschlag aus seinen Träumereien aufweckte. Eine schwarze Wand hing über den Gipfeln auf der anderen Talseite. Spitzige Wolkenzungen stachen daraus herab. Donner rollte heran. Das war etwas Neues, das alle anderen Gedanken wegdrängte. Angst.

Angst ... ob die früher, als die ihre großen Touren gemacht haben, auch Angst hatten? Ich müsste ihn fragen, denkt der Junge. Vielleicht ist es eine dumme Frage. Aber ich muss das unbedingt wissen. In den Büchern steht wenig davon. Ich könnte ihn jetzt fragen. Er muss es ja wissen: Darf ein großer Bergsteiger Angst haben? Aber er fragt nicht. Der Nebel hängt plötzlich so schwer zwischen ihnen. Eine dicke, undurchdringbare Mauer.

»Mit Karl bin ich schon mal am Einstieg gewesen«, sagt der Ältere in den Nebel hinein, »vor bald zehn Jahren. Wir wollten die zweite Begehung der Route machen.«

»So«, antwortet es aus dem Dunkel. »Mit Karl ...«

»Ja, mit Karl Huber. Aber den hast du wohl nicht mehr gekannt. Mir ist damals schlecht geworden am Einstieg. Musste kotzen und drei Wochen später ...« Der Ältere redet nicht mehr weiter. Seine Zunge ist plötzlich so dick und trocken. Würgt ihn im Hals. Die Feldflasche – aber die ist doch schon lange leer. Seit jenem Stand vor den Ausstiegsrissen. Er knetet ein Stück Schnee zusammen. Steckt es in den Mund. Einen lauen, ekligen Geschmack hat das Wasser, und Sand gerät ihm zwischen die

Zähne. Warum ich nur diese verdammte Tour machen musste, fällt ihm wieder ein. Warum? Weil sie mir in all den Jahren im Kopf herumgerollt ist. Ein 'letztes Problem', das wir damals nicht mehr bewältigt hatten, Karl und ich. Ach Quatsch! Hast du nicht zu unterscheiden gelernt zwischen den wirklichen Problemen und denen, die man erfindet ... zur Ablenkung?
Am Freitag Abend bist du einfach abgehauen zu Hause. Hast dich wieder einmal – zum wievielten Mal schon ? – mit Susanna gestritten, weil du nicht willst, dass der Älteste zu den Pfadfindern geht. Ein Problem? Schließlich bis du im Club gelandet. Weiß der Kuckuck warum. In den letzten Jahren hat dich das immer angeödet. Immer freitags der Club. Man hat ein paar Bier getrunken, von früher geredet – und als einer fragt: Wer ist denn noch frei für's Wochenende?, da sagst du einfach: Ich. Klar. Warum nicht wieder mal. Wiedermal weg. Weg von allem –
»Und drei Wochen später?«, fragt der Junge und denkt dabei: Jetzt frisst der schon Schnee. Dabei habe ich doch gelesen ...
»Was hast du gefragt?«
»Was aus jenem Karl Huber geworden ist, von dem du erzählt hast, eben.«
»Karl? Ach so – drei Wochen später ist er umgekommen, erfroren. Am Peutereygrat.«
Karl Huber? Erfroren am Peutereygrat? Nie gehört. Der Junge rutscht unruhig auf den Seilen herum. Sie drücken. Von Isolation keine Spur. Eiskalt kriecht es von unten herauf. Beine, Gesäß, Kreuz, alles ist schon steif.
Erfroren am Peutereygrat! Dabei sollte ich doch alle großen Bergsteiger aus unserer Stadt kennen. Es wird ja so viel berichtet im Club. Auch von früher ... Mag sein, dass es vor zehn Jahren mal einen Karl Huber gegeben hat. Zehn Jahre sind eine lange Zeit. Da kann auch ein ganz Berühmter vergessen gehen ...

Er zieht seine Beine an. Umklammert sie mit bei den Armen und stützt den Kopf auf die Knie. So ist ihm einen Augenblick etwas wärmer –

Frag' doch jenen dort, hat ihm am Freitag im Club einer geflüstert, als er einen Kollegen suchte fürs Wochenende. Das ist mal einer der ganz Großen gewesen. Und der Ältere hatte, zu seinem Erstaunen, zugesagt. Und auch gleich den Pfeiler vorgeschlagen. Das schaffen wir schon, hatte der gelacht. Und ihm eins auf die Achseln gehauen. Kein Problem, der Pfeiler – er war etwas angetrunken gewesen, der Ältere – Und schon die erste Seillänge hatte ihnen zu schaffen gemacht. Von einem brüchigen Pfeilerkopf ging's in die glatten Platten hinaus. Hochgebirgskalk. Abwärtsgeschichtet und stumpf. Man brachte praktisch keine Haken in den kompakten Fels hinein. Zwei Stunden brauchten sie allein für die erste Seillänge. Und anschließend hatte ihn der Ältere gebeten voranzuklettern. Er folge dann mit dem schweren Rucksack nach und schlage die Haken heraus.

»Ich trage den Rucksack und du die Verantwortung«, hatte er gelacht. Aber das hat auf dem winzigen Absatz ziemlich falsch geklungen –

Er war also vorausgeklettert: Risse, mit gelben Überhängen durchsetzt. Aalglatte Platten, über die man sich gelegentlich nur noch mit Hilfe eines dürren Grasbüschels hinaufschwindeln konnte ... Haken waren nur spärlich vorhanden, und um einen neuen zu schlagen, musste er immer zwei, drei mal ansetzen. Und die Sonne brannte erbarmungslos in den grauen Hohlspiegel der Pfeilerwand.

Man gewöhnte sich mit der Zeit schon an den Fels. Wurde aber auch immer schlaffer. Und die Stunden quälten sich dahin ...

Jetzt kauert er zusammengekrümmt neben dem Älteren. Zittert vor Kälte. Vor Schmerz in den Gliedern. Und damit die

Zeit vergeht, versucht er sich Seillänge um Seillänge nochmals vorzustellen. Jeden Stand. Jeden Haken. Aber es will ihm nicht gelingen. Irgendwo sind Löcher in der Erinnerung. Die einzelnen Bilder wollen sich nicht zu einem Ganzen fügen. Da ist jener Holzkeil mit der Drahtschlinge. Der Quergang unter dem überhängenden Riss –

Und dann ist da nur noch das Flimmern der Sonne, die sich in dem riesigen Hohlspiegel verfängt und die brennt und brennt. Jetzt steht er auf einer Platte. Klammert sich an winzige Leisten. Abschüssige Höcker. Er tastet sich hinüber. Da drüben, weit drüben ist ein Tritt. Da müssen Griffe sein. Ein Haken vielleicht ... Es geht. Ja, es geht. Und dann sind die Füße weg. Der Abgrund schwebt ihm entgegen. Geröllhalden. Moränengrate. Weit unten im blauen Dunst das Tal. Und da ist kein Ruck, der den Sturz aufhält. Nichts. Gar nichts.

Er schläft, denkt der Ältere. Er sieht die Gestalt vornüber gebeugt in den Sicherungsseilen hängen. Horcht. Regelmäßige Atemzüge. Mitternacht. Ob es heller geworden ist? Oder ob ich mich nur an die Dunkelheit gewöhnt habe?

Er glaubt, die Felsblöcke im Umkreis zu erkennen. Hingekauerte, frierende Gestalten, von denen sie sich kaum unterscheiden. Sie sind ein Stück Berg geworden, nichts weiter. War da nicht ein Geräusch? Stimmen? Nichts. Und doch. Hoch über ihnen das ferne, dumpfe Dröhnen einer Verkehrsmaschine. Dann kann die Nebeldecke nicht mehr dick sein. Und jetzt sitzt er dort oben in weichen Polstern. Musik plätschert um seine Ohren.

»Fährt ein weißes Schiff nach Hongkong«, ja ...

Die schlanke, duftende Frau beugt sich zu ihm herab, dass die Spitzen ihrer Haare seine Handrücken berühren ... Eben hat er noch durchs Fenster hinausgeschaut über das unendliche Meer von Nebel, unter dem die Gebirge versunken sind. Und wo in der Ferne, hinter Wellen, der letzte Schimmer der Sonne verglimmt.

Hongkong ...

Die Frau fragt nach seinen Wünschen. Matte, seltsame Augen hat sie ....

Wohin fliegen wir denn, flüstert er ihr zu. Und sie beugt sich an sein Ohr. Irgendwohin. Fort. Einfach fort – weg. Wie oft wollte er schon weg, einfach weg? Davonlaufen. Flüchten ...
Es gibt viele Arten zu flüchten.
Ob sie jetzt auf ihn wartet und sich ängstigt? Was sie wohl den Kindern erzählt hat? Ich hab' ihr mal versprochen, keine extremen Touren mehr zu machen. Aber das ist lange her. Damals hat er selber geglaubt: Jetzt ist Schluss. Endgültig. Nur noch kleine Sachen. Zum Ausgleich. Der Freund, mit dem er alle großen Touren gemacht hat, war tot.
Und die Zeiten hatten ihre Forderungen gestellt: Eines Nachts war er heimgekommen von einer langen Klettertour. Die Straßen in seiner Stadt waren verstopft. Demonstranten, Polizei. Viel Polizei. Er stellte seinen Wagen ab. Stieg aus. Wurde in einen Zusammenstoß verwickelt. Bekam Knüppelschläge ab. Schlug zurück. Instinktiv. Und so hart, wie er einige Stunden vorher noch Haken in irgendeine Wand getrieben hatte. Zwei Tage Untersuchungshaft. Ein Urteil: Gewalt und Drohung gegen Beamte ...
Man musste sich entscheiden. Konnte nicht mehr in Felswänden herumturnen, wenn es da unten in den Straßen kochte. Wenn grundsätzliche Widersprüche aufgebrochen waren. Er hatte sich umgesehen. Freunde gefunden. Genossen – und es schien ihm, dem großen bekannten Bergsteiger, als habe er eine neue Welt entdeckt.
Ein Gebirge: steil, zerklüftet, von Stürmen gepeitscht. Und darin musste man sich nun zurechtfinden. Man musste erst wieder gehen lernen. Schritt für Schritt, und dann klettern ...
Es war eine schöne Zeit gewesen. Er hatte auch Susanna, seine Frau, kennengelernt. Zusammen waren sie durch die Straßen gezogen. Aber das liegt alles schon wieder Jahre zurück.

Ob sie sich wohl ängstigt? Bestimmt wird sie die Polizei anrufen, morgen früh, oder direkt die Rettungskolonne. Sie werden uns suchen kommen, wenn dieser Nebel nicht aufreißt. Aber er wird aufreißen. Sagt er leise zu sich selber.

Er muss aufreißen. Und dann werde ich den Jungen wecken, damit er sich bewegt. Sonst erfriert er mir etwa. Ich habe den Fehler auch gemacht. Ja, und er spürt plötzlich ein heftiges Stechen in den Zehen, an denen er seit jenem Schneesturm in der Lauperroute keine Nägel mehr hat.

Der Junge schläft nicht. In seinem Kopf kreisen Gedanken, Bilder, die er halten möchte, die aber gleich wieder zerfallen. Agnes, mit der er vor drei Wochen an der Clubtour am Seil gewesen ist. Gletschhorn-Südgrat. Sie hatte lange, silbrig lackierte Fingernägel gehabt. Und keinen einzigen davon abgebrochen. Ein Naturtalent also, denkt er, wie sie klettert. Dabei ist es ihre erste Tour gewesen. Er musste ihr beim Anseilen helfen. Und auf dem Gipfel hatte sie ihn geküsst. Nicht einfach so, nein.

»Mein Bergführer«, hatte sie zu ihm gesagt, und ihn richtig geküsst. Heute Abend hat sie ihn erwartet. In ihrer Wohnung. Agnes ist Sekretärin ... Er versucht sich den Abend vorzustellen. Wie er natürlich vom Pfeiler berichtet hätte. Ein blanker Sechser ... Und wie ihn der berühmte Bergsteiger vorausgeschickt hatte ... Aber auch dieses Bild zerfällt. Da ist der Donnerschlag, der ihn in die Risse vor dem Vorgipfel zurückwirft. Da ist die Angst. Er war auf einer glatten Platte ausgeglitten. Gependelt. Jetzt stieg wieder der Ältere voraus. Unglaublich, wie er die aalglatten Risse überwand. Weit draußen im Spreizschritt, elegant. Und dann wieder tief im Grund, mit Fäusten und Knien. Man spürte plötzlich, dass er einmal ein Meister gewesen war ...

Und dann das Gewitter. Die Graupelschauer. Angst. Ob jener auch Angst hatte? Man merkte ihm nichts an. Nicht einmal in

der verschneiten Gipfelwand, als schon der Nebel hereinfiel. Er redet überhaupt nicht viel, der Andere. Aber so sind sie, die Großen. Sie reden wenig. Sie sind verschlossen. Um ihre ewige Angst zu verstecken vielleicht. Der Ältere schüttelt den Jungen.
»Was ist?«
»Du musst dich bewegen. Es wird kälter.«
Der Junge brummt nur. »Es geht schon.« Aber er beginnt ebenfalls, Beine und Arme von sich zu strecken und wieder anzuziehen. Es hilft wenig.
»Ich habe eben gemeint, ich sehe ein Stück Sternenhimmel«, sagt der Ältere. »Pass mal gut auf.«
Der Junge sieht nichts. Nur die schwarze Nebelwand. Und Umrisse von Felsbrocken, die wie hingekauerte Menschen aussehen.
»Ich hab noch zwei Zigaretten«, sagt der Ältere. »Komm. Nimm eine ...«
Drei Uhr morgens. Zwei glimmende Punkte im Schweigen. Man ist sich nahe. Und doch hängt eine halbe Welt zwischen einem ...
»Ein Stern, dort ...«
»Nichts«. Seltsam, denkt der Junge. Was hat er wohl mit seinen Sternen? Hoch oben dröhnt eine Verkehrsmaschine.
»Ich bin noch nie geflogen«, sagt der Junge. Denn das Schweigen ist ihm plötzlich unerträglich. Er möchte reden ... irgendetwas ...
»Viertel nach Drei. Es hätte längst aufreißen müssen, sonst finden wir den Abstieg nie. Und dann ...« Jetzt hat er Angst. Das spürt der Junge. Ja, auch die, die ganz Großen haben Angst. Das ist beruhigend. Und dann ... Jener Donnerschlag in der Wand hat ihn erschreckt. Aber jetzt. Jetzt ist er ganz ruhig. Ich habe ja nichts zu verlieren. Nicht wie der Andere. Familie. Posten.

Es wird einfach heißen: Erfroren an diesem Pfeiler. Bergsteigerschicksal ... Und Agnes? Es ist nicht das Gleiche wie beim Andern.
»Klettert deine Frau eigentlich auch?«, fragt er. Der Ältere schweigt lange. Dann antwortet er. »Ja. Früher ist sie gelegentlich mitgegangen. Früher ...«
»Ich würde nie eine Frau heiraten, die nicht klettert.«
»Das habe ich auch einmal gedacht. Aber dann ...«
»Dann?«
Wieder schweigt er. Dann endlich sagt er nur. »Man ändert sich.«
Ja. Kann man sich denn so ändern, dass einem das Klettern nichts mehr bedeutet?, denkt der Junge.
Er ist noch Lehrling. Und die ganze Woche durch, während er an seiner Fräsmaschine steht, hat er nur eines im Kopf: Er hängt in einer Wand. Hört Haken ins Gestein singen. Sieht die Sonnenstrahlen, die sich auf den metallgrauen Platten brechen wie in riesigen Spiegeln. Kann es Menschen geben, die das nicht fasziniert? Die dann einfach eines Tages sagen können: Man ändert sich.
»Willst du noch etwas Zeitung?«, fragt der Ältere und reicht ihm den Rest hinüber. »Um die Füße vielleicht ...«
Die Kälte hat zugenommen. Hat sich in die Haut gebissen, ins Fleisch hineingewühlt und hängt nun in den Knochen.
»Ein Stern!«
»Wirklich?«
Hoch oben, dort wo er eben noch gewesen ist mit seinen Gedanken. Als er weg wollte – weg irgendwohin – dort leuchtet wässrig und matt ein Planet. Es reißt auf, denkt er. Hergottnochmal. Das war aber höchste Zeit ... Sein Kopf fällt nach vorn auf die Knie. Er umklammert die angezogenen Beine, faltet dabei

die Hände zusammen. Ein Dankgebet? Ach, Unsinn. Früher hat er manchmal gebetet auf Touren. An der Lauperroute in jenem fürchterlichen Schneesturm. Heimlich, dass es Karl nicht bemerkte. Aber seit jenem Sommer, als sich alles änderte, betet er nicht mehr.
Er denkt an Susanna. Wie sie jetzt in ihrem Bett liegt. Unruhig und voller Angst. Er möchte sich zu ihr legen. Sie umfassen, wie er das immer macht, wenn er in der Nacht heimkommt. Er möchte seinen Kopf in ihren Nacken legen und flüstern: Ich bin wieder da, Susanna. Da bin ich wieder ...
Es gibt viele Arten zu flüchten. Aber nur eine, wieder zurückzukehren ins Leben. In die Wirklichkeit.
Hoch oben dröhnt eine Verkehrsmaschine. Er hebt den Kopf. Sieht einen grauen, zerfaserten Kondensstreifen durch den dunkelvioletten Morgenhimmel ziehen. Daneben verblassen Sterne. Eine schmale Mondsichel hängt über dem schwarzgezackten Horizont. –
Wo ist der Junge? Der Ältere ist eingenickt. Nun ist er steif. Durch und durch kalt. Und die Kleider knistern. Sie sind eingefroren. Der Junge ...
Tief unten, über dem Abbruch fließt der Nebel. Ein unendlicher Strom. Die Kronen seiner Wellen sind rosa überzogen. Im Osten glimmt Licht auf. Er hört einen Stein fallen. Weit drüben auf einem Absatz eine Gestalt. Der Junge! Er winkt und schwenkt seine Arme. Dann zeigt er ins Nebelmeer hinab. Dort. Dort geht es hinunter.

Emil Zopfi, geboren 1943, Schriftsteller in Zürich, Alpinist und Sportkletterer, schreibt Romane, Hörspiele, Kinder- und Sachbücher. Viele Auszeichnungen, u.a. Preis des DAV für seinen Kletterroman «Die Wand der Sila» 1986, erster Kulturpreisträger des Schweizer Alpen-Club 1993, King Albert Mountain Award 2010.
Im Herbst 2010 erschien Zopfis dritter Bergkrimi «Finale», der in Finale Ligure handelt, nach «Steinschlag» 2002 (verfilmt) und «Spurlos» 2007 (nominiert für den Glauser Krimipreis). Er hat auch Bergmonografien verfasst: «Tödi» 2000, «Glärnisch» 2003 und «Churfirsten» 2006 und organisiert seit 2004 alle zwei Jahre eine Tagung für Alpine Literatur.
Mehr Informationen im Internet unter: www.zopfi.ch

Die alte Nummer Fünf

Ein Klemmkeil erzählt

von Kurt Krueger

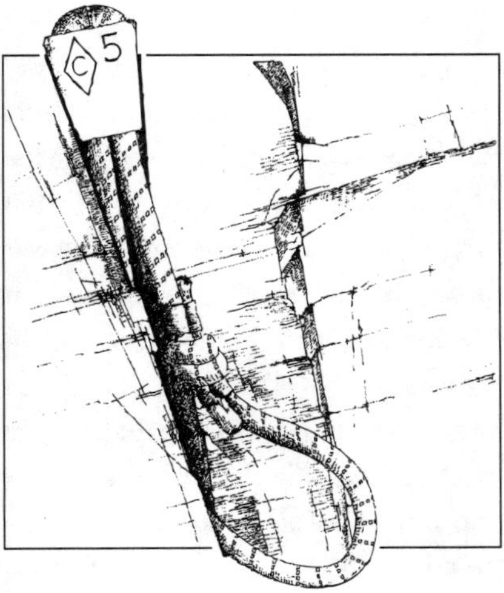

Am Anfang gehörte ich einem jungen, romantischen, »fortschrittlichen« (sprich: idealistischen) Collegestudenten. Seinen Bergstiefeln sah man an, dass er vielleicht vier Mal geklettert war: nicht allzu eindrucksvoll, gut eingelaufen vom Wandern, aber die Sohlenkanten waren vorne innen abgerundet, weil er immer von den kleinen Tritten abrutschte. Der Typ war offensichtlich ein Kraftkletterer.

Vielleicht sollte ich mich vorstellen. Ich bin eine »Nummer Fünf« aus Chouinards Stopper-Serie.[1] Nein, nicht die kleine! Die alte Nummer Fünf, die beste Größe, die jemals auf den Markt gekommen ist. Ich kapier' nicht, warum Yvon alles neu nummeriert hat; von Tradition hat der wohl noch nie was gehört! Aber eines sag' ich dir! Es gibt keine Route, zeig mir die Seillänge, wo du keine Nummer Fünf reinkriegst. Vielleicht sind wir eine aussterbende Rasse, aber uns gebührt der Ehrenplatz auf jedem Rack, das wir schmücken. Wir haben einige der bedeutendsten Stürze der Alpingeschichte gehalten, unsere Versagensrate beläuft sich auf 0,0237 fff/f (Freifallfuß pro Flopper), der niedrigsten von allen Hexes oder Stoppers überhaupt. Ich wurde nach Hause transportiert in einer Plastiktragetasche, zusammen mit Heidi, einer Nummer Sechs von den Hexentrics[2] und noch einer Stopper-Schwester namens Sally. Und dann war da noch das traumhafte Trumm von einem Fünferstrick; Mann, hatten wir eine gute Zeit zusammen! Und dann waren da noch

---

1 Die »Stopper«-Serie, die Yvon Chouinard, einer der bedeutendsten Pioniere des Bigwall-Kletterns, in der zweiten Hälfte der Sechzigerjahre auf den Bergsportmarkt brachte, waren die ersten Klemmkeile der 3-25mm Klasse, die wirklich etwas taugten. Die Nummern 4 und 5 hatten die meisten Seilschaften damals doppelt dabei.

2 Klemmkeile mit einem sechseckigen, exzentrischen Querschnitt, die hauptsächlich zur Absicherung breiterer Risse verwendet werden. Durch die Erfindung der »Friends« haben die Hexentrics an Bedeutung verloren.

ein paar Bonattikarabiner, die mit den blauen Schnappern. Der Junge hatte wohl nie von einem Mover gehört, den eine Länge so gemostet hatte, dass er die zu starken Federn nicht mehr aufdrücken konnte.

Meine Zurückhaltung bewahrt mich davon, auf die Einzelheiten einzugehen, all das Drücken und Drehen beim ersten Mal, aber dann hing ich mit ihm zusammen neben Heidi an einem Karabiner.

Interessiert dich mein erster Vorstieg? Sicher doch! Ich hatte ungefähr seit sechs Monaten geklettert, meistens als Sicherungspunkt beim Topropen. Sally, Heidi und ich und noch einige Neuzugänge fanden uns auf einem Stück zusammengerolltem Schlauchband (später stellte sich heraus, dass dies eine Gearschlinge war), zusammen mit so ein paar komisch aussehenden Drahtkabelfiguren und einigen größeren Hexes und Stoppers. Wir müssen zusammen acht gewesen sein. Wir wurden mit diesem gebrauchten Seil (20 Dollar) in den Rucksack gestopft, dann ging das Licht aus. Das war ganz normal. Ich könnte den See nie finden, weil ich nie draußen war bei der Anfahrt, aber mit ein wenig Übung kann man es an den Kurven und den Stops erkennen.

Nach dem Anmarsch fingen diese Deppen an, unter der Cleo's Needle im Regen das Seil auszupacken. Es gibt nichts Schlimmeres, als in einem nassen Riss zu hängen und darauf zu warten, dass der Zweite endlich hochkommt und dich mitnimmt, eigentlich objektiv gar nicht so schlimm, wenn die Alpträume nicht wären.

Die meisten Nuts haben denselben Traum: Du bist in einer einsamen Gebirgskette, es ist kalt und du wirst hängengelassen, langsam verfällst du, bis du aus dem Riss herausrutscht und in den Tod stürzt.

Wie auch immer, bei meinem ersten Vorstieg schwitzte ich vor Angst. Ich kam ziemlich früh zum Einsatz, der zweite Sicherungspunkt. Wie es das Glück wollte, fiel mir die Aufgabe zu, die erste Schlüsselstelle abzusichern. Ich hatte ein gutes Placement, aber war dennoch besorgt. Sally und Heidi munterten mich von oben her auf.
»Bleib' auf deinem Posten oder wir sind allesamt verloren!«
Ich versicherte ihnen, ich würde sie alle auffangen. Klemmkeile verulken sich gerne, es hilft einem, die Spannung zu ertragen. Der Junge packte es, und ich war eine ziemlich glückliche Nummer Fünf, als sein Partner vorbeikam. Ich sprang ihm fast aus dem Riss entgegen. Sally strahlte, als wir sie mitnahmen. Auf der Reise nach oben lachten wir und sangen zusammen. Alle waren wir aufgeregt.
Mir verging jedoch das Lachen, als ich an der Gearschlinge unseres Herrn Heidi ganz alleine baumeln sah. Ihre Mundwinkel waren tief heruntergezogen und zitterten, aber Sally und ich versuchten, sie aufzumuntern. Wir trösteten sie damit, dass es noch viele Gelegenheiten geben würde, sich zu bewähren und dass wir ja in Wirklichkeit, weil ja niemand runtergefallen war, gar nicht in Aktion getreten wären. Sie war fürchterlich besorgt, der Junge hätte sie nicht eingesetzt, weil er ihr nichts zutraute. Wir blödelten noch ein wenig herum und sagten ihr, sie würde den ersten Sturz wie eine Feder halten.
Mann, waren wir damals jung und unschuldig! So über das Stürzen Witze zu reißen, als ob das Halten eines Fluges die einfachste Sache der Welt wäre. Aber es waren eben gute Zeiten damals. Meistens schönes Wetter, einfache Situationen mit guten placements.
Wenn Neulinge auf das Rack kamen, schauten sie alle zu dir auf. Die Greenhorns hatten vor fast allem Angst, aber mit ein wenig

gutem Zureden beruhigten sie sich normalerweise.
Wie auch immer, Heidi wurde eine wahre Größe unter den Nuts, eine der Besten von uns überhaupt. Noch heute wird von ihr an den Gearschlingen gesprochen.
Sie starb. Es ist schon lange her – im Jahr 66 oder 67. Sie war einer der ersten Keile, die in den Vereinigten Staaten einen großen Sturz hielten und die erste, die beim Einsatz in vorderster Front ihr Leben ließ. Der Junge und sein Partner kletterten hoch droben im Rocky-Mountain-Nationalpark. Der Partner baute einen Zehnmeter-Sturz, den sie direkt abkriegte. Er war verletzt, ich glaube am Rücken. Ich war zwei Placements tiefer und konnte alles genau beobachten. Sie steckte es einfach weg. Sie sagte kein Wort – aber ich konnte den Schmerz in ihren Augen sehen. Nun, mit seiner Verletzung ließ sich der Typ einfach von Heidi aus zum Stand ab und putzte dabei den Rest der Länge. Dann seilten

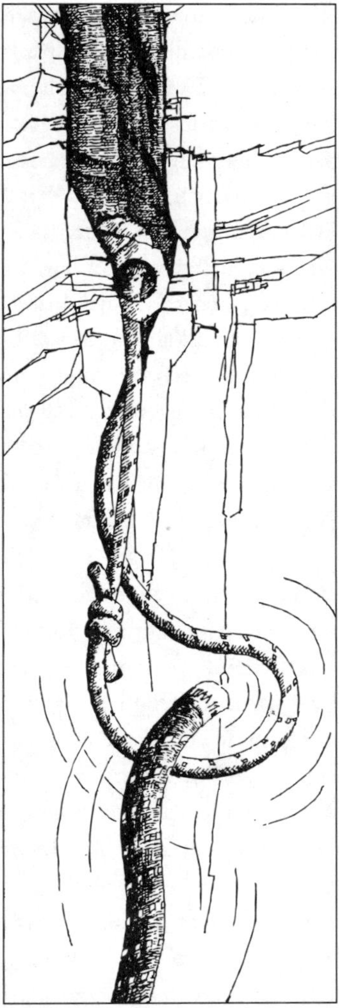

sie ab. Sally begann zu weinen. Ich rief Heidi zu, wir würden morgen zurückkommen, spätestens am Tag darauf. Heidi hatte Biss, mehr Worte waren also überflüssig. »OK, kein Problem, ich warte auf euch.«
Wahrscheinlich wartet sie heute noch. Höchstwahrscheinlich ist sie aber tot, erfroren. Wir Keile können normalerweise im Hochgebirge nicht länger als fünf Jahre überleben.
Das war ein furchtbarer Tag! Die Verluste beliefen sich auf drei Karabiner, fünf Schlingen und drei Nuts, Heidi inbegriffen. Es gab viele betretene Gesichter bei diesem Rückzug.
Auf dem Boden angelangt, konnte es Sally einfach nicht mehr aushalten. Sie herrschte alle an: »Reißt euch zusammen. Als ihr euch für diesen Job entschieden habt war euch klar, was Sache ist! Heidi und das übrige Gear unterhalten sich wahrscheinlich köstlich dort droben, sie singen und reißen Witze. Heidi hatte schon immer gesagt, sie würde lieber am Berg bleiben als in irgendeinem muffigen Schrank zu verstauben, weil ihr Herr zu fett geworden ist zum Klettern. Obwohl sie Angst hatte zu versagen, wenn sie dran wäre, hat sie sich meiner Meinung nach hervorragend gehalten. Das war ein verdammt harter Flug, und es ist nicht leicht, die erste zu sein. Keine von uns hat jemals einen Sturz gehalten, niemand wusste, was da abgeht und was das für ein Job ist. Sie ist eine verdammte Heldin!«
Dann stimmte Sally das Klemmkeil-Lied an:

Klemmkeil-Ehre über alles
Über alles in der Welt!
Selbst noch Faktor-Zweier-Stürze
Statisch jede von uns hält.

Auch wenn Wimmern, Todesschreie
Grell um Alukanten gellt,
Wär es schnöde Keilesschande
Stürben wir nicht gern als Held!

Saddlewedge- und Stoppertreue,
Friends im Handriss ohne Bang,
Darauf kannst du immer zählen,
Zieht es dir die Finger lang!
Sollte dich die Kraft verlassen
Droben an dem Überhang,
Stimmt die Klemmkeilsichrungskette
Ein in diesen Heldensang:

Einigkeit zum Schutz der Freiheit-
Dafür kamen wir vom Band.
Sollt' die Schwerkraft übermannen
Unsren Herrn mit listger Hand:
Lieber woll' n wir dann als Trashis[3]
Enden in vereister Wand,
Als in schnöder Feigheit leben –
Aus dem Kreis der Ehr' verbannt!

Wir waren alle ein bisschen verlegen, aber eine nach der anderen stimmte ein. Ich schaute zurück und spürte die Feuchtigkeit in meinen Augen, aber sang weiter. Ich bin sicher, dass uns Heidi gehört hat. Wir marschierten in den Campground ein, schweigend, aber mit erhobenen Häuptern. Wir waren verdreckt und

---

3 Ein Klemmkeil, der mit dem Kletterhammer derart in einen Riss hineingedroschen wurde, dass er zwar funktional einem »fixed-pin« gleichkommt, aber wesentlich zerdepperter aussieht.

durchnässt – aber stolz. Es hatte uns ganz schön mitgenommen, aber die meisten von uns waren heimgekehrt und wir wussten, wir würden wieder klettern. Wir waren kein Greenhorn-Rack mehr. Die älteren Racks nickten uns zu, als wir vorbeiklirrten und die jüngeren Racks standen in Grüppchen zusammen und flüsterten. John Kellers Rack schickte eine Abordnung, die fragte, wieviele wir verloren hatten. Als Rackälteste machte ich Meldung. Ich erzählte von dem Sturz, den Heidi gehalten hatte. Er sagte, er erinnere sich an sie, ihr Tod hinterließe eine Lücke, die alle Kameraden schmerzlich verspüren würden. Er sagte uns, der erste Verlust sei immer der schlimmste und wir hätten uns tapfer gehalten. Dann waren wir allein mit unserer Trauer.
Nach und nach kamen Ersatzleute für die im Einsatz Gefallenen. Die Verluste hatten uns zu einem stärkeren Rack gemacht, so dass wir uns für schwerere Routen gewappnet fühlten, selbst für Erstbegehungen.
Die Neulinge lernten vom Vorbild ihrer Vorgängerinnen und von den Traditionen, denen wir verpflichtet waren. Meine schwere Prüfung kam einige Jahre später.
Ich hatte ein gutes Rack zusammengestellt, jede war auf die andere eingespielt. Ich hatte Schlüsselstellen abgesichert von hier bis ins Valley und wieder nach Hause. Es hatte Situationen gegeben, bei denen mir die Aluspäne im Nacken zu Berge standen, und ich betete, dass es sturzfrei abgehen würde. Allerdings musste ich meine Klappe halten, alle beobachteten mich, denn ich war die Führerin. Es ist ein verdammt einsamer Job.
Wie auch immer, dieser Sturz kam zu Hause und ganz unerwartet. Ich sah ihn nicht mal kommen. Es war am »Briton's Crack«, einer Route, die wir schon dutzende Male gemacht hatten, so dass kaum Sicherungen drin waren. Ich beobachtete gerade einen Bussard, als der Junge selbst vorbeigeflogen kam.

Ich hatte kaum Zeit, mich abzustemmen, ehe mich die Belastung voll traf. Wumm! Ich hielt die Wucht kaum für möglich! Ich dachte, die Schlinge würde mich glatt entzwei reißen. Mein Leben lief wie ein Film vor meinen Augen ab. Auch der Junge konnte es kaum glauben. Er fing an zu lachen, während er da so schaukelte.

Ich forderte ihn mehr oder weniger deutlich auf, seine verdammten Pfunde wieder an den Fels zu bringen. Was glaubte denn der eigentlich, wer ich war? Etwa ein Techno-Nut!

Als ich so ein wenig rumfluchte, fingen die Kolleginnen plötzlich an zu jubeln. Nun, da ich mir meine Sporen verdient hatte, war ich eine wahre Führerin!

Nun, der Junge brachte die Seillänge hinter sich und, nachdem der Zweite mich mitgebrachte hatte (mehr Gejohle), gab mir der Junge ein Küsschen.

Dann brach mir das Herz zum zweiten Mal im Leben.

Die Schlinge war ganz still gewesen, ruhiger als normal. Jay war halb durchgetrennt. Dem Jungen blieb nichts anderes übrig, als seiner Qual ein schnelles Ende zu bereiten, er wäre so oder so gestorben. Er zog sein Taschenmesser heraus und schnitt die angerissene Stelle entzwei. Ich konnte nicht hinschauen, aber ich spürte das Beben, als das Leben aus seinen Fasern wich. Mein nächster Partner war ok. Nichts besonderes, aber er erfüllte seine Pflichten.

Schon am nächsten Wochenende war ich wieder einsatzbereit am Rack. Im Rahmen einer kleinen Feierstunde durfte ich die Glückwünsche des Teams entgegennehmen, auch sprachen die Gefährtinnen ihr Beileid aus zum Dahinscheiden von Jay. Einige der Mädels hänselten mich wegen meiner Verbindung mit dem jungen gutaussehenden Tampen. Und ich sagte ihnen, für so einen Schlingel wäre er gar nicht so übel.

Das nächste bedeutsame Ereignis in meinem Leben war der Verlust von Sally. Es war im Eldorado Springs Canyon. Seit dem Massaker hatten wir nur drei Keile verloren und die dreifache Zahl gefunden. Ein junger Nachsteiger hatte Schwierigkeiten, Sally herauszukriegen. Ich hing über ihr und sah das Placement. Es war total trivial – problemlos rein und raus.

Ich rief Sally das übliche »Tschüss bis zum Stand« zu und stieg weiter. Der Zweite ließ Sally einfach drin, sagte es dem Jungen aber erst eine Länge weiter droben. Ich hatte es natürlich gleich gewusst. Ich versuchte, Verbindung mit ihr aufzunehmen, aber der verdammte Wildbach war zu laut. Ich konnte es nicht glauben. Gott sei Dank setzte der Junge mich an diesem Tag nicht ein – ich hätte nicht mal sein Körpergewicht halten können.

Das Rack blieb stumm und beobachtete, wie ich damit fertig wurde. Genau wie Sally es getan hatte, nachdem wir Heidi verloren hatten, sagte ich ihnen: »Reißt euch zusammen, sie wusste genau, was sie erwartete. Wir haben unsere Arbeit zu erledigen, auf geht's.«

Aber seitdem ist das Klettern nie wieder ganz das gleiche gewesen wie zuvor. Ich hatte zu viele sterben sehen und zwei meiner besten Freunde verloren, mit denen ich angefangen hatte.

Fünf Jahre später verließ ich das Rack des Jungen. Nein, ich wurde nicht abgelöst. Der Nut ist noch nicht erfunden worden, der eine Nummer Fünf ersetzen könnte.

Bald nachdem der Junge und sein Partner angefangen hatten zu klettern, entbanden sie der Frau des Partners ein Kind – es war in einer Schneehöhle droben in den Bugaboos. Das Kind war ein Mädchen (Gegenteil von Sohn), aber eine Schönheit, stark und zäh. Gute Hände hatte sie auch.

Das Mädchen war jetzt acht Jahre alt geworden und begann zu klettern. Der Junge war eine Art Onkel-Figur und entschloss sich, der Kleinen ein Grundrack zusammenzustellen. Das Mädchen wusste darüber Bescheid, wie wichtig ein gutes Rack ist und ihr Vater hatte ihr den Wert einer Nummer Fünf klargemacht, einer alten Nummer Fünf. »Die kannst du nicht mal mehr kaufen, Kleines.«

Jennas Augen (so hieß das Mädchen) waren groß wie Untertassen, als der Junge mich von seinem Rack nahm.

Der Junge hatte mir schon vorher erzählt, was es vorhatte, »Pass mir gut auf das kleine Fräulein auf!«, hat er zu mir gesagt.

Ich hatte es dem Rack verschwiegen, Abschiedsfeste sind mir zuwider. So hatten wir es schnell hinter uns. Hier und da flossen Tränen und einige sagten: »Es war eine Freude, unter Ihnen zu dienen, Gnäfrau.«

Der Junge sagte dem kleinen Mädchen, »Solange dein Vater und ich klettern, ist dieser Nut mit uns gewesen; er hat uns nie im Stich gelassen. Wenn du in Not bist und eine zuverlässige Sicherung brauchst, wird dich die alte Nummer Fünf nie enttäuschen!«

In meinem Alter war es schwer, ein neues Rack zusammenzustellen, aber ich sah es als eine Herausforderung an. In dieser neuen Zeit war es ein ganz anderes Rack. Früher waren es nur Chouinard-Stoppers und Hexes, vielleicht auch ein paar Haken. Nun waren es Friends, Rocks und Campbells. Ich hatte zwar all diese schicke Ausrüstung auf ihren Racks gesehen, sie aber noch nie im Einsatz beobachtet.

Meine waren alles Neulinge, so dass sie herumlärmten, um ihre Unsicherheit zu übertönen. Sie nannten mich »altes Schlachtross«. Aber sie hatten im Grunde das Herz auf dem rechten Fleck, so dass ich sie nach und nach in Form brachte. Da man das neue Zeug fast überall reinbringt, gibt es, glaube ich, kaum noch weite Stürze. Sie schissen schier in die Hosen, wenn ich ihnen von den Zehnmeter-Flügen erzählte, die ich schon gehalten hatte.

Jenna entwickelte sich zu einer ziemlich guten Steigerin und zu einer ziemlich feschen Frau. Die Männer hingen immer bei ihr herum, aber ich konnte die guten von den schlechten unterscheiden und ließ die schlechten Racks abblitzen.

Bis sie ihren Liebsten fand beim Schwimmen in einem Geysirsee in der Nähe der Tetons (er war splitternackt!). Er schien wirklich nett zu sein, vielleicht ein wenig zigeunermäßig, aber im Großen und Ganzen echt nett. Und er entpuppte sich als ein Kletterer, so gab ich ihr meinen Segen. Bei der Vorbereitung für den ersten gemeinsamen Climb war ich ziemlich nervös (wie würde wohl sein Rack sein); ich verlangte von meinem Rack, sich tipptopp herauszuputzen. Beim Ritual des Materialrichtens glänzte mein Rack wie poliert.

»Wenn du jetzt versagst, sind wir alle beide verloren!«

Was? Wer? Aus dem Rucksack schaute Sally heraus. Der Typ hatte sie zwei Tage später in dem Riss aufgelesen.

Nun, wir beide wurden ausgewählt, die Tour mitzumachen – und hinein ging's in den Rucksack, wobei wir ohne Unterlass vor uns hin plapperten. Wir mussten uns ja alles berichten, was seit unserer Trennung passiert war. Sally war droben in der Tour gewesen, in der Heidi umgekommen war. Sie hatte die Spuren am Fels gesehen, die Heidis Körper am Fels hinterlassen hatte, als sie aus dem Riss gerutscht war.

Während der ganzen Tour, an jedem Standplatz, den wir gemeinsam absicherten, und während des gesamten Abstiegs, hörten wir nicht auf zu erzählen. So viel Spaß hatte ich beim Klettern schon lange nicht mehr gehabt.

Es war abgemacht, Sally und ich mussten zusammenbleiben, und so hatten die zwei einfach zu heiraten. Nun, die Kinder verstanden sich so gut, dass wir nicht einmal die Hochzeit arrangieren mussten, das taten sie ganz von selbst. Bei der Hochzeit führte Jenna ihren Vater und den Jungen durch die Briton's-Route und stellte sich gar nicht schlecht an dabei. Welch eine Freude, als Klemmkeil zu leben!

Ich habe ein schönes Leben gehabt. Ich habe mehr Risse gesehen, als sich andere Keile erträumen könnten. Ich habe einige gute Freunde gehabt.

Ich könnte jetzt erzählen, ich sei eines natürlichen Todes gestorben, im Schlaf heimgegangen irgendwo in der Ecke eines Schranks. Es wäre nicht wahr. Ich bin hier in diesem Riss verklemmt. Ganz mit Schnee bedeckt! Sally hängt eine Länge tiefer. Ich hatte sie davor gewarnt, heute zu klettern. Aber sie war so kletterwütig, dass sie in jedem Monat ihrer Schwangerschaft klettern wollte. Dies war ein Fall von: »Nichts wie runter, scheiß auf das Material!«

Ihr Mann langte nach mir und begann eine Abseilstelle einzurichten. Sie murmelte etwas wie: »Nein, nicht diese!«

Aber ich sagte ihr, es wäre in Ordnung. Sally und ich blickten uns eine Minute lang fest in die Augen, und dann waren alle verschwunden. Ich hörte, wie Sally sich anbot, auf der nächsten Terrasse die Stellung zu halten. Ich fühlte mich nicht ganz so verlassen, mit Sally nur 100 Fuß tiefer. Ich konnte sie alle auf dem Boden drunten sehen, wie sie zu Tal marschierten.

Nun hörte ich, wie eine Nummer Sechs von den Campbells (ein gar nicht so übler Keil) sagte: »Reißt euch zusammen, jede hat gewusst, was Sache ist, als sie sich meldete. Sally, der Rest des Gears und die alte Nummer Fünf unterhalten sich wahrscheinlich dort droben, sie singen und reißen Witze. Die alte

Dame hatte schon immer gesagt, sie würde lieber am Berg bleiben, als in einem muffigen Schrank an Altersschwäche zu sterben, weil ihr Herr zu fett geworden war zu klettern. Ich wette, wenn wir laut singen, hört sie uns.«

Klemmkeil-Ehre über alles
Über alles in der Welt!
Selbst noch Faktor-Zweier-Stürze
Statisch jede von uns hält ...

Indem das Rack von dannen getragen wurde, schwebte das Lied zu mir empor, und ich hörte, wie Sally mit einstimmte. Die übrigen Sicherungen, ein Fixpunkt nach dem anderen, stimmten ein. Ich sprach ein Lebewohl und spürte wieder, wie mir Tränen in die Augen stiegen. Ich will eurer Hoffnung keine Nahrung geben. Ihr könntet ja denken, eine andere Seilschaft sei vorbeigekommen und habe uns gerettet. Über das gesamte Gebiet wurde bald darauf ein Kletterverbot verhängt wegen einer vom Aussterben bedrohten Vogelart.

Ich bin alt und habe ein gutes Leben gehabt. Aber ich bedaure, dass das Kleine von meinem Mädchen und mit ihr die ganze junge Generation von Kletterern niemals wissen wird, was eine alte Nummer Fünf wert ist.

Der Weg als Ich

... ist der Weg zum elften Grad

von Peter Brunnert

Da – der letzte Zangengriff, ich lange um die Dachkante, nachtreten, das Einfingerloch. Nochmal volle Konzentration, oh Gott, wer zieht denn da, bin das ich, der Affe in mir? Egal, der einfingerige Klimmzug klappt, fixieren und den Umlenkkarabiner einhängen. Ich verlasse meine horizontale Welt und bin endlich, wie ein Kamel knapp vor dem Verdursten, wieder in der Vertikalen. Ich höre mich schreien, Erleichterung ja, aber keine Freude, nein, Freude nicht.

Ich werde abgelassen, wildfremde Leute laufen auf mich zu, auf den Heimgekehrten, den Siegreichen, schütteln mir die Hand, versuchen, etwas von dem Schmetterlingsstaub des Glücks, der an mir haftet, zu erhaschen und finden doch nur – einen gebrochenen Mann. Gebrochen, weil er sich seines letzten Unmöglich beraubt hat. Mein Körper fällt in eine Ecke, mein Geist, meine Seele, meine Psyche, mein Herz und mein Kopf, sie sind noch nicht so weit, doch sie werden folgen. Ich reiße das Tape von den Fingern, jemand löst die Schuhe von meinen Füßen.

Langsam verhallen die Gedankengewitter im hinteren Teil meines Kopfes, die Ermattung greift Raum, die Ruhe nach dem Sturm, den ich selbst in mir entfachte, tritt langsam ein. Es steigen plötzlich Bilder vor meinem geistigen Auge auf, ich mache eine Reise in die Vergangenheit, steige mit suchenden Schritten noch einmal die Wendeltreppe meines Lebens hinab ins Dunkel, bis zu dem Punkt, wo die Geschichte begann, die Geschichte des größten Dachs der Welt, die Geschichte von »Der Weg als Ich«.

Wo soll ich beginnen? Bei meiner Mutter, der einfachen, grobknochigen Beamtenwitwe? Bei meinem Sportlehrer Harry Dierksen, dem beim Völkerballspiel als erstem meine katzenhafte Gewandtheit auffiel? Bei Robert, dem Entdecker, der auf so tragische Weise kurz vor Tunis sein Bein verlor?

Je mehr ich mit den zerschundenen Fingern in meiner Vergangenheit wühle, desto mehr wird mir klar, dass sie alle irgendwo und auch irgendwie an mir beteiligt waren, dass alles, was ich jetzt eingebracht habe, um dieses horizontale Werk zu vollenden, dass mein ganzes Ich nicht aus sich selbst heraus erklärt werden kann. »Der Weg als Ich«: Das bin ich, ich mit meinen Wurzeln, ich ganz und auch in meiner Gesamtheit als allumfassendes Wesen ...

Gesehen hatten wir es schon immer, dieses Dach an der Rötzenwand im Hinteren Falzertal. Bedrohlich hing es da über unseren Köpfen, wie eine versteinerte Woge schien es über uns zusammenzuschlagen, als monumentale Mahnung an unsere Vergänglichkeit. Die alte Technoführe im linken Teil des Daches, die »Baur-Zingl-Mayr«, wie sie nach ihren Erstbegehern hieß, war bald abgehakt.

Niemand dachte damals an eine freie Begehung einer solchen Route, geschweige denn an das eigentliche Dachproblem 15 Meter weiter rechts, da, wo das Dach seine maximale Ausladung von 42 Metern erreicht. Die Zeit war noch nicht reif für solche Gedanken, unsere Körper waren es nicht, nicht der Geist oder die Psyche, geschweige denn die Seele, das Herz oder gar der Kopf.

Wir machten, wie gesagt, einen Bogen um dieses Dach, wandten uns lieber den benachbarten, sonnenbeschienenen Südwandplatten zu – einem wahren Sportkletterparadies, wo wir nach und nach einige der schönsten Plattenklettereien der damaligen Zeit eröffnen konnten. In der Rückschau, jetzt, scheinen mir alle diese Touren wie eine große, riesige, ja: überdimensionale, versetzte und doch verwinkelte Treppe hin zum »Weg als Ich«. Alles beginnt irgendwo und endet irgendwo, und » ... wenn ein Stein geworfen wird, weiß niemand, wohin er fällt«.

Nein, nein, sie führten mich schließlich hin zum »Weg als Ich«, all diese Touren: das »Traumschiff«, die »Schwarzwaldklinik«, der »Tatort«, die »Sportschau« und schließlich »Unter Deutschen Dächern«. Ja, und »Unter Deutschen Dächern«. »Unter Deutschen Dächern« ... In der Rückschau, jetzt, scheint mir das Essentielle, das Wesentliche an »Unter Deutschen Dächern«, dass mir durch diese Tour die Augen geöffnet wurden. Letztlich war vermutlich »Unter Deutschen Dächern«, dieses Zweimeterdach, der Weg, der die Eintrittskarte in einen neuen Lebensabschnitt bedeutete. Ein Lebensabschnitt voll von Intensiv-Leben, von Ich-Selbst-Sein, von Nur-durch-Mich-Sein, oder, wie es Lao-Tschi einmal ausdrückte, voll von »Sein«.
Plötzlich hatte ich ein neues Ziel: die »Baur-Zingl-Mayr«. Der Horizont hatte sich verschoben, der Blickwinkel verändert, die Sicht war eine andere, das Betrachten geschah plötzlich sehend, mit neuer Qualität, sehend erkannten wir Offensichtliches: Griffe, da waren plötzlich Griffe – Griffe, Tritte, Rastpositionen, holds und rests. Die durch das zu viel an Haken getötete Zone unter dem Dach der »Baur-Zingl-Mayr« wurde lebendig. Belebt durch unsere Fantasie, die Kraft unseres Geistes. Die freie Begehung – strawberry-point, mit abtraversiertem Zwischenseil – gelang nach zähem Ringen, damals eine Spitzenleistung, in der Rückschau, jetzt, nur ein kleines, aber wichtiges und auch essentielles Mosaiksteinchen auf dem Weg zum »Weg als Ich«.
Doch die bange Frage blieb: »Wie lange kann sich der Mensch dieser Horizontalen aussetzen?«
Wie wirken diese 42 Meter auf den Körper, den Geist, die Psyche, die Seele, das Herz, ja auf den Kopf? Es kam eine Zeit der Fantasien, Träume. Harte Träume, vom größten Dach der Welt. Es wurde zur Herausforderung, dieses Dach. In der watteumbauschten, farblosen Traumwelt kämpfte ich bereits unter dem

Dach, eroberte es mir Inch für Inch, ja, in der Rückschau, jetzt, kann ich sagen: ich erträumte mir den »Weg als Ich« über das größte Dach der Welt, erträumen im doppelten, wie im übertragenen Sinne.

Der Plan nahm nun Gestalt an, gewann Konturen, bekam Formen. Die facts waren klar, hart und präzise: 42 Meter, 11. Grad. 42 Meter sind und bleiben 42 Meter. Der 11. Grad ist und bleibt der 11. Grad. Schnell wurde mir das eigentliche Problem deutlich: Die facts, diese 42 Meter, diesen 11. Grad, dieses unlösbar scheinende Kreuzworträtsel zu einem genialen Bewegungspuzzle zusammenzusetzen.

Unmögliches möglich machen heißt aber auch: über die Grenzen des eigenen Schattens hinwegdenken, seine inneren und äußeren Grenzen akzeptierend zu durchbrechen.

»O.k., ich bin kein Vogel«.

Was für Reinhard Karl galt, galt selbstverständlich auch für uns. Die Frage der Sicherung, das psychologische Problem der saugenden Tiefe, war rasch gelöst. 18 Bohrhaken machten das Risiko kalkulierbar, die Kalkulation nachvollziehbar. Die Bohrmaschine als Anti-Eth des modernen Felskletterns?

Nein! Denn: Klettern, dieses zwei-, ja mitunter dreischneidige Schwert mit diversen, variablen, ambivalenten Faktoren im permanenten Spannungsfeld von Gefahr, Lust und Hirneinsatz muss immer Spaß am Spiel und Spiel im Sport bleiben. »Keine Kletterethik ist einen gebrochenen Haxen wert«.

»Nicht einen einzigen!«, so würde ich dieses Wort des unvergessenen Hans Diefenbach[1] in der Rückschau jetzt ergänzen wollen. Es folgten Wochen und Monate labouröser Arbeit gepaart

---

1 Deutscher Freikletterchronist der ersten Stunde. Herausgeber des legendären Klettermagazins »Boulder«, dessen drei erschienene Ausgaben sammelnde Kletterer wie das letzten Magnesiakorn im Chalksack hüten.

mit asketischer Abstinenz. Alles Handeln, alles Tun, alle Gedanken und alles Denken, alles Hoffen und Fühlen wurde polarisiert und auf dieses eine Ziel hin ausgerichtet.
Der »Weg als Ich« wurde zum erklärten Lebensziel. Mein Lebensrhythmus veränderte sich, Schlafen und Ruhen, Essen, Trinken, Trainieren und Klettern, alles geschah unter dem diktatorischen Zwang des Werden-Müssens, des Vollenden-Wollens. Ich lebte auf den »Weg als Ich« zu, ich wurde zum »Weg als Ich«
Eine Tour am derzeitigen Limit der Kletterkunst zu erschließen ist kein Vergnügen. Nein, ein solches Unterfangen ist das leidend-masochistische, zynisch-selbstverleugnende Glück des gewonnenen Zentimeters. Es gerät zur Philosophie vom Einfingerloch, zur Minimal-Art der Einzelbewegung, der Erfolg rechnet sich in gewonnenen Quäntchen dieser wilden, rauen, verkehrten Welt unter dem größten Dach der Welt.
Es folgte eine schwierige Phase. Der plötzliche und jähe Tod eines Freundes, das Adagio aus dem es-moll Streichquartett von Schönberg im Walkman ließen mich keinen klaren Gedanken fassen. Wie versteinert war meine Psyche, mein Geist einzementiert, gefroren meine Seele, mein Kopf verkleistert.
Keine der komplizierten Kombinationen wollte mehr gelingen, ein ums andere Mal sackte ich kraftlos, ja entmutigt ins Seil. Den Tränen nahe sprang ich in den nahen Falzersee, um meinen Körper, meinen Geist, meine Seele, meine Psyche, mein Herz und meinen Kopf, ja, nicht zuletzt meinen Kopf von der lähmenden und paralysierenden Melancholie reinzuwaschen.
Schließlich gingen die Tage der Arbeit zu Ende, die Perfektion meines Könnens stand fast im Zenit, die Früchte meines Schweißes begannen zu reifen. Ein einziges Steinchen fehlte mir noch zu meinem Puzzle, zum »Weg als Ich«, zum größten Dach der Welt: der letzte Klimmzug am Einfingerloch hinter

der Dachkante. In der Rückschau, jetzt, weiß ich, dass es richtig war, diesen nicht mehr isoliert zu üben, sondern auf meine Improvisationskunst zu vertrauen. Denn: Ich war ein anderer geworden unter diesem Dach. Das Dach war noch genau wie vor Hunderten von Jahren, doch ich, ich hatte mich verändert. Dann: Der Tag des Durchstiegs, die Stunde der Entscheidung, der Moment des Handelns, die Minuten der Ernte der Früchte meines Schweißes.

Wie in Trance beginne ich die ersten Meter, mein Programm läuft, ich greife und trete flüssig, wie automatisch. Plötzlich bin ich neben mir, sehe mir beim Klettern zu, höre meinen Atem, der stoßweise geht. Ich bin außerhalb meines Körpers, der wie ferngesteuert das tut, was der Geist, die Seele, die Psyche, das Herz und der Kopf ihm eingeben. Ich erkenne die Wahrheit, meine Wahrheit: Ich klettere, also bin ich.

Ja, seht: Hier bin ich, der Don Quichote der Horizontalen, der Don Juan des harten Gesteins, der Don Alfredo der verkehrten Welt, ein Tänzer, dessen Choreographie von der Schwerkraft diktiert wird, auf meinem grotesken Tanzboden unter dem größten Dach der Welt. Ja, seht: Hier lebe ich, so lebe ich, ja, das ist mein Leben. Und so ist mein Leben, dieser Weg ist mein Leben: Mein Ich – dieser »Weg als Ich«.

So habe ich es mir immer erträumt, so sollte es sein, und so ist es jetzt in diesen Minuten, wo ich mit jeder Faser meines Seins ich selbst sein darf, ohne Vorbehalte, ja, ohne Vorbehalte.

In der Rückschau, jetzt, weiß ich: Dieses Glück, dieses große, unbeschreibliche Glück des Ich-Selbst-Sein-Dürfens ohne Vorbehalte, wird nie wieder kommen, das kann man nur einmal im Leben in seiner ganzen überwältigenden Macht erleben.

So intensiv Leben, so Ich-Selbst-Sein, so Nur-Durch-Mich-Sein, so »Sein«, das ist wie der Liebestraum von einer schönen Fee, die ihr steinernes Hexenantlitz hinter der undurchsichtigen Fantasiemaske unserer Scheinwelt verbirgt.

Da – der letzte Zangengriff, ich lange um die Dachkante, nachtreten, das Einfingerloch ...

Peter Brunnert wechselte in der 1990er Jahren von der fiktiven zur selbst erlebten Geschichte und feiert damit seither Erfolge. Seine beiden Bücher "Wir müssen da hoch" und "Wirklich oben bist du nie" (beide www.panico.de) erschienen in mehreren Auflagen und sind immer noch erhältlich. 2009 erschien beim Geoquest Verlag "Die spinnen, die Sachsen". Sein drittes Buch für Panico soll "Mit alles und scharf" heißen und im Frühsommer 2011 erscheinen.

Am Broad Peak

Höhenbergsteigen im Karalmrum

von Greg Child

Wir stiegen über den Kot in den Straßen von Askole und versuchten uns so unauffällig zu benehmen wie das zwei Westlern eben so möglich ist in diesem Dorf aus Lehmziegelhütten und Karnickelställen, das irgendwo lebt zwischen den achtziger Jahren und der Steinzeit.

Weder Pete noch ich waren sehr erfolgreich in unseren Versuchen, die bunt gekleideten, kropfkranken Damen des Ortes zu fotografieren. Wie verwundetes Vieh flohen sie vor uns in die Gässchen oder kicherten und schnatterten hinter den Fensterverschlägen. Die wenigen, die wir in die Enge trieben, kreischten und verbargen sich in den zahllosen Schichten ihrer zerlumpten Kleider.

Ein offenes Fenster lud uns zu einem Blick in eine fremde Wohnstube ein: Durch den Staub in der Luft, der von diesen Lehmböden immer aufsteigt, sahen wir das Strohlager und die geschwärzten Töpfe um die noch dunklere Feuerstelle.

Ein Sack aus Ziegenhaut hing an der Wand und auch einige Bilder: Das erste war eine Kohlezeichnung von einem Helikopter, jenem geheimnisvollen Untier, das an manchen Tagen droben über dem Tal des Braldu lauert.

Das zweite war ein Poster von Bhutto, dem Ex-Präsidenten von Pakistan, entmachtet und schließlich hingerichtet durch den General Zia. Im unteren rechten Eck des Bhutto-Portraits verwehte der letzte Rauch einer gerade gelöschten Kerze.

Über den beiden thronte eine Fotografie des Ayatollah Khomeini, sein freudloses Antlitz schien uns durch das trübe, staubige Licht geradewegs in die Augen zu starren.

Wenn es ungewöhnlich war, in diesem fast gesetzlosen Grenzgebiet Pakistans das Portrait eines toten Führers zu sehen, so wunderten wir uns doch kaum, hier dem islamischen Fundamentalismus ins Angesicht zu blicken. Während Politik den Baltis nur

wenig bedeutet, ist ihnen der Islam alles. An diesem verlassenen Ort an die Erde gefesselt ist eine Ahnung von Gott vielleicht der einzige wertvolle Besitz. Für einen der Beamten am Ort war Bhutto das Genie des Bösen und Khomeini der böse Idiot.
Wir wenden uns wieder zur Straße und treffen bald auf ein Grüppchen von Frauen, die mit grünen Ästen einen Haufen Getreide dreschen. ... Pete entleert ein Fläschchen mit leuchtend roten Multivitamintabletten auf die Fläche seiner ausgestreckten Hand. Zentimeterweise tasten sie sich heran und nehmen die magische Medizin von Petes Handfläche, als ob es Diamanten wären, sich mit rehäugiger Verwegenheit unseren Kameras ergebend.
Als Arzt der Expedition war Petes Gesicht im ganzen Dorf bekannt. In jeder Ortschaft entlang unserem Anmarschweg umdrängten ihn die Kranken und Elenden sobald er eintraf, als ob sein Phantombild ihm vorausgeeilt wäre. Für diese Leute war die Medizin mehr Magie als irgendetwas anderes und Pete wurde eine besondere Achtung zuteil. Jeden Abend verbrachte er ein paar Stunden damit, das ihm Mögliche zu tun und machte sogar Hausbesuche, wenn man ihn darum bat.
Uns anderen erschien es unvorstellbar, einen ganzen Tag in dieser Jahrhunderthitze zu marschieren, um dann bei Kerzenlicht die tägliche Sprechstunde mit der gynäkologischen Untersuchung einer Baltifrau zu beschließen, umgeben von Kindern, Hühnern und dem Ehegatten. Aber für Pete war es nur eine weitere merkwürdige Erfahrung eines Arztes in der Dritten Welt.
»Wenn es so was wie eine Wiedergeburt gibt«, meinte ich, »und deine vergangenen Taten sind dafür verantwortlich, wie es dir ergeht, dann kannst du, wenn du an einem Platz wie diesem wiedergeboren wirst, davon ausgehen, dass du in der Vorrunde mit hoher Wahrscheinlichkeit Mist gebaut hast.«

»Man könnt's ja noch übler erwischen«, entgegnete Pete. Eine trostlosere Lebenslage konnte ich mir nicht ausmalen, abgesehen von jenen Höllen, die sich die Menschen speziell dazu ausgeklügelt haben, um ihresgleichen zu quälen. Als ich weiterbohrte, wurde Pete deutlicher: »Nun, man könnte ja auch als ein Huhn in Askole das Licht der Welt erblicken«, wobei er auf eine Schar verhärmter Vögel deutete, die im grauen Dreck eines Geheges herumpickten. Wir waren uns darüber einig, dass dieses Schicksal dem echten Abschaum der Gesellschaft vorbehalten sein musste.

Im gleichen Augenblick, in dem ich Pete zusicherte, der verdächtige Schneefleck sei total harmlos, gab die Oberfläche nach und ich stürzte in eine Gletscherspalte. Ich erlebte die blöde Verwunderung, die jemand empfinden würde, der auf einem Glastisch gestanden war, der dann plötzlich zersplitterte. Noch erstaunlicher war, dass die Spalte eine Brücke hatte, in der ich schon einige Meter tiefer steckenblieb. »Spalte«, stellte ich fest in jener Stille, die auf das Zerschellen von Spiegeln und Gläsern zu folgen pflegt.

»Schon hatte ich gedacht, du wärst mir verlorengegangen«, meinte Pete als ich mich herausarbeitete. »Du wirst dich freuen zu erfahren, dass du ein Publikum gehabt hast.«

Einige Trecker hatten die ganze Vorstellung von ihrem nur hundert Meter entfernten Lager aus beobachtet. »Mach dir nichts draus, keiner von unserem Lager hat es gesehen.«

Die Sonne ging unter an einem jener seltenen Karakorumtage, an denen sich weder ein Lufthauch von den Gletschern zu den Gipfeln bewegt noch eine Schneefahne von den Riesen hinaus weht. Der Fels des K2 fing an orange zu blühen. Als wir die ersten Couloirs des Broad Peak erreichten, war es Nacht. Unter

unseren Füßchen war der Schnee fest, und bald umrundete der Vollmond die Südflanke und tauchte die Westwand in helles Licht. Wir erreichten das Lager 1, ruhten ein wenig und gingen im Mondlicht weiter. Schritt für Schritt, Atemzug für Atemzug, jede Stunde wurde die Atmosphäre ein kleines bisschen dünner. Hinter uns färbte das erste Licht des Morgens den Horizont in allen vorstellbaren Blautönen, während der Mond noch fett und weiß da saß und sich weigerte zu verschwinden. Alle Berge glühten, wie Chamäleons wechselten ihre Farben von Minute zu Minute.

Im Tageslicht tauchten Überbleibsel anderer Expeditionen auf: zerfetzte Zelte, Reste von Fixseilen, eine alte Sauerstoffflasche und, schon lange vom wandernden Schnee überdeckt, die Spuren von Hermann Buhl. Der Weg war schon von den Spuren vorgezeichnet, die vier Mitglieder unserer Gruppe hinterlassen hatten, die uns vorausgegangen waren. Eine kurze Zeit lang spielte ich mit der Vorstellung, Hermanns Spuren zu folgen, damals im Jahr 1957, dem Jahr meiner Geburt und seines Todes drüben an der Chogolisa, die zu meiner Rechten lag.

Bei ungefähr 6250 Metern trafen wir Alan, Andy und Jean, die auf dem Rückweg von ihrer Besteigung am Vortag waren. Sie sahen müde aus und erzählten vom langen Gipfelgrat am Ende. Nicht der Hauch eines Windes auf dem Gipfel.

Wir erreichten Lager 2 an jenem Morgen und fielen in einen tiefen Schlaf. Doug und Steve holten uns am frühen Nachmittag ein und teilten das gleiche Lager. Unsere müden Gehirne waren lebendig mit fantastischen Träumen, und als wir am nächsten Morgen zusammen aufbrachen, verglichen wir die Orte, zu denen uns unsere Köpfe geführt hatten.

Als wir auf 6950 Metern das Zelt erreichten, das die polnischen Frauen, die sich gerade in unserem Basislager erholten, hinterlassen hatten, nahmen wir Flüssigkeit zu uns und stiegen weiter, gerade als Don und Gohar ankamen. Sie wollten hier übernachten, während wir vorhatten, vor dem Gipfelangriff am folgenden Tag noch so viel Höhe wie möglich zu gewinnen.

Pete und ich schlugen 120 Meter höher unter einem kleinen Eisabbruch unser Zelt auf. Bis wir mit dem Schneeschmelzen fertig waren, war es schon spät in der Nacht und wir glaubten, noch fünf Liter mehr aufsaugen zu können.

Während der Nacht war die Höhe in unsere Hirne gekrochen, und am Morgen hämmerte sie von innen her gegen die Schädeldecke. 7500 Meter war ein hoher Schlafplatz. Das Aufwachen war ein langwieriger und schwieriger Prozess. Beim Tee kochen konnte ich hören, wie Pete im Schlaf murmelte.

»Und was ist mit dem Seil?«, fragte er.

»Seil? Unser Seil ist im Rucksack.«

»Neiiin, nicht das Seil!«

»Welches Seil dann?«

»Das Seil, an das wir angebunden sind.«

»Wir sind nicht angeseilt, Pete, wir sind in einem Zelt am Broad Peak.«

»Neiiin, du verstehst nicht.«

Ich kam mir vor wie ein dummer Schulbub, der nur noch falsche Antworten gibt. Ich bedrängte ihn, und nach mehr schläfrigen Hinweisen förderte ich das Folgende zu Tage: »Es ist das Seil, in das wir alle eingebunden sind.«

»Ein Fixseil?«

»Neiiin«, heulte er.

»Nabelschnur?« Ich war bereit, die wildesten Vermutungen zu wagen.

»Neiiin!«

»Dann sprichst du vielleicht von einem metaphysischen Seil, in das wir alle eingebunden sind?« Aber ehe ich hierauf eine Antwort erhielt, hatte ihn der Geruch des süßen Tees geweckt und wir versuchten, das Frühstück unsere Rachen hinunter zu zwingen. Einige Aspirin später waren wir in Bewegung. Eine senkrechte Eisstufe brachte das Blut in Bewegung. Doug und Steve waren schon nahe am Sattel als ich sie sah, und als wir den steilen Schlusskamin zum Col bewältigt hatten, knapp unter der 8000-Meter-Grenze, war ein starker Wind aufgekommen. Plötzlich konnten wir nach China hinunterblicken, wo der Wind herkam. Die rostfarbenen Gipfel dort kontrastierten zum blendenden Weiß des Goodwin-Austin Gletschers.

Auf dem Gipfelgrat erwarteten uns die größten technischen Schwierigkeiten des gesamten Aufstiegs: kurze, steile Firnaufschwünge, in die Fels eingelagert war.

Um ein oder zwei Uhr mittags begegneten wir Doug und Steve auf ihrem Rückweg vom Gipfel. Dort droben sei es noch kälter und windiger, sagten sie, und noch zwei Stunden entfernt. Sich in dieser Höhe zu bewegen, war wie ein Waten durch Sirup. Mir begann die eigenartige Bewusstheit aufzufallen, von mir selbst abgekoppelt zu sein – als ob ein Teil von mir sich außerhalb meines Körpers befände und mir zuschaute. Am meisten empfand ich dies beim Einrichten der Standplätze oder bei schwierigen Kletterpassagen. Mit der Zeit schien es fast, als blickte mir jemand über die Schulter, der auf mich aufpasste, oder als ob ich einen zweiten unsichtbaren Kopf auf den Schultern hätte.

Wir stiegen weiter bis zu einer Kuppe aus Schnee und Wächten, wo wir uns hinsetzten. Das Gefühl des Abgekoppeltseins hatte angefangen, von Augenblicken der totalen Abwesenheit durchlöchert zu werden, momentanen Blackouts, in denen weder ich noch der Typ hinter meiner Schulter auf dem Weg zu sein schienen. Ich wachte dann aus diesen Absencen wieder auf, einige Schritte nachdem sie mich überkommen hatten. Die Befürchtung überfiel mich, über den Rand der Wächte zu treten.

»Wie in einem Traum«, murmelte ich zu Pete, aber der Wind riss meine Worte mit sich fort, ehe er sie hörte. Vor uns senkte sich der Grat und beschrieb dann einen langen, flachen Bogen bis zum Gipfel, nur fünfzig Meter über uns und vielleicht weniger als eine Stunde entfernt. Aber hier verdoppelten sich meine Ängste über das, was gerade mit mir am Geschehen war. Ein stechender Kopfschmerz ergriff mich, und das Kribbeln in den Armen wurde so intensiv, dass sich meine Hände fest zur Faust zusammenknoteten, so dass es schwierig wurde, den Eispickel zu halten.

Es war fast unmöglich, dies Pete mitzuteilen, da Sprache und Gedanken in meinem Geist ihre Verbindung verloren hatten. Kurz: Ich wäre ihr zum Trotz auf den Gipfel gekrochen. Aber irgendetwas Unbekanntes und Fremdes war dabei, an mir zu geschehen und ich war nicht bereit, mit ihm zu spielen. Ich brachte heraus, dass ich runter wollte. Pete kniete neben mich hin, versuchte mich zum Weitergehen zu überreden. Seine Zielstrebigkeit hätte es schier geschafft, mich zum Weitersteigen zu bewegen.

Es gibt einen Geisteszustand, der manchmal Bergsteiger überkommt, in dem das Ziel viel wichtiger wird als alles andere, was die Zukunft enthalten könnte. Einige Minuten oder Stunden lang wirft man alles zur Seite, das vorher dem Leben Sinn zu geben schien, und konzentriert sich auf einen einzigen gefahrvollen Bewegungsablauf oder eine Wegstrecke, die zum Alleinigen wird, das jemals bedeutsam war. Dieser Geisteszustand ist es, der das Spiel zugleich grandios und verantwortungslos macht. Da in diesen Augenblicken alles auf dem Spiel steht, ist es besser, wenn man sie als das erkennt, was sie sind, und sich klar darüber ist, worin die Alternative zum Glück besteht. Hier war einer jener Momente. Ich musste abwägen, was wichtig und was wichtiger war. »Es wäre schön, den Gipfel zu erreichen, du und ich zusammen.«

Das war richtig, mit diesem Mann dort droben zu stehen, der in solch kurzer Zeit so ein fester Freund geworden war.

»Hast du nicht einmal gesagt, dass Gipfel wichtig sind?«

Das waren meine eigenen Worte, die er mir entgegenwarf, gegen den Wind und seine eigene Atemlosigkeit. Am Lobsang Spire hatte ich sowas gesagt, um uns zu ermutigen, als die Griffe aufhörten und es, wollten wir den Gipfel erreichen, nach dem Bohrmeißel auszuschauen begann. Ich kämpfte darum, einen verständlichen Satz zu formulieren.

»Nur wichtig, wenn man in Kontrolle ist ... Kontrolle verloren ... zu hoch, zu schnell.«

Pete nickte. Ich konnte sehen, dass auch er die Belastung zu spüren begann. Wir standen nur auf und machten uns auf den langen Weg ins Tal.

Jene roten Hügel in China waren jetzt verdeckt durch Wattewolken, die an der Ostwand leckten. Wir waren weit über ihnen. In zweieinhalb Tagen waren wir von 4910 Meter Meereshöhe auf über 8000 heraufgestiegen, vielleicht ist das das Äußerste, was Menschen leisten können.

Hundert Meter von unserem Umkehrpunkt wurde ich zwanzig Minuten lang ohnmächtig. In dieser Zeit wachte ich für einen Moment auf, im Versuch mich wach zu zwingen. Ich erinnere mich, wie ich Pete neben mir sah, er beobachtete meinen Zustand, wie sich das für einen guten Arzt gehört. Als ich wieder die Kontrolle über mich erlangt hatte, drückte er mir ein Traubensaftgetränk in die Hände, das ich prompt erbrach.

»Schau her ... ich hab dir doch gesagt, dass ich ... krank bin.« Der violette Flecken, den ich gemacht hatte, bildete filigrane arabeske Muster, die sich in den im Nachmittagslicht glitzernden Schneekristallen ausbreiteten. Halluzinationen. Sobald wir uns in Bewegung gesetzt hatten, begann sich mein Zustand zu bessern, als plötzlich etwas anderes passierte. Pete erschien über einem Schneebuckel, vom Seilende gezogen. Er machte kleine Schritte und schien unter einem fürchterlichen Druck zu leiden. Flüsternd und nur ganz langsam gelang es ihm, mir mitzuteilen, dass er plötzlich nicht mehr atmen könne, als ob das Zwerchfell die Lungenflügel zerquetschen würde. Seine Lippen waren blau angelaufen, ein Zeichen des Sauerstoffmangels. Wir mussten runter und zwar schnell. Aber in dieser dünnen Luftsuppe war er gerade noch zu einem Schneckentempo fähig. Ungefähr um sieben Uhr abends erreichten wir den Sattel und seilten zwanzig Meter zum oberen Rand des Schneehanges ab. Der Wind hatte jeden Rest von unseren Spuren zugeweht.

Das Seil hinter mir herzerrend fing ich an, mich mit den Füßen voraus schrittweise nach unten fallen zu lassen, um für Pete eine Spur zu bahnen. Nach zweihundert Metern wandte ich mich um, nur um festzustellen, dass er sich kaum bewegt hatte. Bis ich mich durch den weichen Schnee wieder hinaufgewühlt hatte, war die Nacht hereingebrochen.

Er hatte seine Stirnlampe an, die in die windige Nacht hinausleuchtete. Als ich mich zum Gletscher umdrehte, sah ich ein Licht vom Basislager zurückleuchten. Es war Petes Frau Beth, die das vereinbarte Achtuhrsignal gab. Und Pete war dabei, es zu beantworten.

Wir sagten nichts. Beide wussten wir, dass wir die ganze Nacht dranbleiben mussten, hoch droben, und der Wind war dabei aufzufrischen. Ich band Pete ins Seil und begann ihn abzulassen. Seillänge um Seillänge, bis seine Kraft verebbte. Dann fing ich an, ihn hinunter zu dirigieren: jeder Schritt ein Befehl oder eine Überredung. Ungefähr um zehn Uhr nachts fiel er nieder in den Schnee und sagte, er könne nichts mehr sehen. So gab ich ihm Richtungsanweisungen: 45 Grad nach rechts oder gerade nach unten. Ohne eine Spur folgte ich so oder so nur noch meinem Gefühl. Der verdammte Mond leuchtete überall hin, nur nicht auf die Gipfelhänge des Broad Peak. Und immer Wind und Triebschnee.

Irgendwo in der Nähe musste die senkrechte, zwanzig Meter hohe Eisbarriere sein. Wir mussten ihre niedrigste Stelle finden, wo wir am Morgen heraufgestiegen waren. Aber wo die zu finden sein sollte, konnte kein Mensch wissen. Pete war nun so schwach, dass er nicht mehr gehen konnte. Irgendwie trug und schleppte ich ihn, zusammen mit beiden Rucksäcken.

Das Gefühl, außerhalb von mir zu sein, war stärker denn je. Der »Zuschauer« überprüfte jede Pickelsicherung und jede Entscheidung. Der muss auch mitgeholfen haben, Pete zu tragen. Irgendwann in diesem Alptraum erinnerte ich mich, von der Erstbesteigung des Broad Peak Mittelgipfels durch eine polnische Mannschaft gelesen zu haben. Beim Abstieg war ein Sturm aufgekommen. Der Bericht beschrieb das, was dann folgte als einen »Kampf ums Überleben«. Diese Geschichte war mit einem Bild vom Broad Peak illustriert, übersät mit Kreuzen, wo die Polen gestorben waren. Diese Kreuze bezeichneten die Orte, über die jetzt unsere Steigeisen scharrten, die Gespenster der Geschichte lauerten in den Schatten.

Am Rande der Eisbarriere wurde die Neigung steiler. Wir irrten im Dunkeln weiter in die Richtung, in der ich die niedrigste Stelle in den Abbrüchen vermutete. Es wurde zu steil, um so herumzustolpern, wie wir dies gerade taten. So begann ich, mich in 6-Meter-Seillängen weiterzutasten. Beim letzten Standplatz ließ Pete alles fahren und pendelte hinunter zur Abbruchkante des Seracs. Der Schaft meines Eispickels neigte sich beängstigend. Ich verlor meine Fassung und überschüttete ihn mit Flüchen, während ich ihn wieder zu mir heraufhievte.

»Sorry«, flüsterte er, ganz gelassen. Die gesamte Zeit über war er gefaßt geblieben, offensichtlich richtete er seine Energien aufs Überleben, anstatt sich von Angst oder Gefühlen überwältigen zu lassen. Ich hängte ihn in den Pickel ein und sorgte dafür, dass er auch mit seinen Händen dort Halt fand.

»Gib nur jetzt nicht auf, Bruder! Bitte!«

Der Wind schien mit noch nicht dagewesener Boshaftigkeit anzugreifen und schleuderte den Triebschnee brennend gegen unsere Gesichter.

Irgendwo dort drunten im Schwarzen musste ein Zelt sein, und wenn alles nach Plan verlaufen war, mussten Gohar und Don dort sein. Ich schrie bis ich heiser war und trieb den Pickel so weit wie möglich in den Schnee, um Pete daran abzulassen. In den Minuten, in denen ich ihn abließ, war die Verwirrung total. Pete war so desorientiert, dass er nicht wusste, wo er war. Ich konnte vor lauter Triebschnee kaum etwas sehen.

Der Pickel bewegte sich und drohte, aus dem Schnee gerissen zu werden. Ich wickelte des Seil um den Arm, um das Gewicht zu verteilen, während ich versuchte, den Pickel mit dem Knie in den Schnee zu drücken. Es war unmöglich festzustellen, ob Pete drunten angelangt war, aber er kam trotzdem zum Stillstand. Ich seilte von meinem zweiten, kurzen Eisgerät so schnell wie möglich ab, ehe es herausgerissen wurde. Pete konnte sich kaum noch bewegen. Wieder hakten wir uns ein, um das gestufte Gelände hinter uns zu bringen und gingen dann wieder zum Huckepack über – als plötzlich ein Licht erschien.

»Wir haben hier einen Kranken, Don«, rief ich dem Lichtkegel zu. Pete kroch einige Meter den Firnrücken entlang und blieb dann bewegungslos liegen. Gohar erreichte uns, selbst groggy, gerade aus einem tiefen Schlaf erwacht. Während ich Pete auf die Schultern nahm, sicherte Gohar. Drunten half Don, ihn ins Zelt zu zerren, wo wir anfingen, ihn zu wärmen und mit Flüssigkeit zu versorgen. Es war zwei Uhr morgens, wir waren 22 Stunden in Bewegung gewesen. Wir lagen zusammengepfercht in der Stille des Zeltes.

Es dauerte lange, ehe wieder Gefühl in meine Hände und Füße zurückkehrte. Petes Gliedmaßen waren eiskalt, wenn auch erstaunlicherweise nicht erfroren. Die warmen Getränke schienen ihn belebt zu haben.

»Wie geht es dir, Gregor?« Mit einem Beiklang in der Stimme, der an seinen normalen spitzbübischen Ton erinnerte.

»Total kaputt. Ruhen wir uns ein paar Stunden aus bis zur Dämmerung. Dann machen wir, dass wir runter kommen.«

Meine Augenlider schlossen sich wieder unter der Last der Erschöpfung, und ich träumte von grasgrünen Orten. Das waren die letzten Worte, die wir miteinander sprachen. Beim Morgengrauen wachte Pete auf, um Gohar um Wasser zu bitten. Einige Minuten später drückte ihm Gohar eine Tasse mit heißer Flüssigkeit an die Lippen, aber Pete wollte nichts davon haben. Don und Gohar sahen sich ein paar Sekunden lang an, dann riefen sie mich.

»Tot«, sagten sie. Aber in meinen Träumen gab es keinen Toten. Dort waren wir dabei, es zu schaffen. Dann schlug die Bedeutung wie ein Vorschlaghammer zu. Ich versuchte, Leben in ihn hineinzuzwingen, durch seinen Mund mit meinem, meine eigene dünne Luft in ihn hineinatmend. Seine Lungen gurgelten laut; Lungenödem. Wir drückten unsere Handflächen gegen seine Brust, um aus seinem Herzen einen Schlag herauszuholen, aber er machte nicht mit. Er lag nur da mit einem Ausdruck der erhabenen Ruhe auf dem Gesicht, als ob er den gleichen Traum wie ich träumte. Schweigend saßen wir da, die Köpfe voll von traurigen Gedanken. Plötzlich hasste ich diesen Berg.

»Das ist es nicht wert, der Preis ist zu hoch!«, stammelte ich wieder und wieder, bis ich vor Tränen nicht mehr sprechen konnte. Und was ist mit den Leuten drunten und zu Hause, die ihn liebten, was war mit ihnen? Der Tag draußen war klar und still, das Karakorum strahlte im Licht.

»Merkt ihr, wie der Wind plötzlich nachgelassen hat?«, fragte Don. »Nicht ein Hauch. Es ist immer so, wenn der Tod umgeht. Ich habe es schon früher gesehen, und es ist immer das Gleiche.« Auch heute noch denke ich an diese Worte, rätsele an ihnen herum. Einige Minuten später frischte der Wind wieder auf, wurde noch stärker als zuvor und drohte mit seinen Krallen, das Zelt zu zerreißen, wie ein Untier, das hinter uns her war. Ich kniete neben Pete, ungläubig und von Sinnen. Gohar nahm meinen Arm mit einem Ausdruck der natürlichen Furcht: »Greg Sahib, wir müssen gehen.«

Wir ließen alles so wie es war, zogen den Reißverschluss zu. Jeder verabschiedete sich auf seine Art und wandte sich um in den Mahlstrom.

Es war ein langer Abstieg, jeder Schritt voll tiefer Bewusstheit des Verlusts und vielleicht auch einem törichten Gefühl der Schuld, unseren Freund so verlassen zu haben, wie wir das mussten. Aber der Schnee würde sich über ihn legen und ihn bald so fest zudecken wie die Erde. Das Schneefeld würde unaufhaltsam zu den Eisabbrüchen hinunterkriechen und von dort abplatzen, in Lawinen zum Gletscher niederstürzen, der ihn in sich zum schnellfließenden Braldu tragen würde. Seine Reise würde uns überdauern, und keine Asche könnte gründlicher verstreut werden, noch ein dauerhafteres Grabmal errichtet werden als der Broad Peak. Das Ende des Baltorogletschers ist eine riesige schwarze Zunge aus Geröll und Eis, die die gesamte Breite des Tals versperrt und aus der der graue Bradlu herausragt.

Mit Don zusammen habe ich die Expedition verlassen, um Petes Familie zu benachrichtigen. Als wir vom Gletscher heruntertreten, komme ich mir vor wie der Bote eines furchtbaren Unglücks.

Mein Körper fühlt sich an, als ob er verdreht und voll Knoten wäre, wie ein Stück Knorpel, das der Gletscher ausgespuckt hat, unverdaulich und bitter.

Vor mir liegen die verfaulenden Dörfer Askole, Chongo und Chokpo, Ortschaften, die aus den Seiten einer Graham-Greene-Geschichte von der Vorhölle der Dritten Welt herausgeschnitten sein könnten. Hinter uns haben sich die anderen entschieden, da zu bleiben und den K2 zu versuchen.

Und entlang der gesamten Wegstrecke Erinnerungen an Pete, Orte, an denen wir zusammen zu den Bergen hinaufgestarrt hatten, die Boulders bei Urdurkas, auf denen wir herumgetanzt waren und unter denen wir gelagert hatten.

Obwohl ich Pete nur für die Zeitspanne der Expedition gekannt hatte, waren wir schnell Freunde geworden, sahen den gleichen Witz in diesem oder jenem, bewegten uns in gleicher Geschwindigkeit in den Bergen, und immer redeten wir, immer.

Javid, zwischen seinen Schluchzern, sagte, dass nach seiner Religion jede unserer Bewegungen, vom Anfang bis zum Ende, durch eine höhere Kraft bestimmt ist. Aber andere sprachen von der Ziellosigkeit des Lebens, seinen wankelmütigen Launen und dem unvorhersehbaren Chaos. Das einzige, das mir damals als sicher schien, war ein quälendes Unbehagen in der Magengrube und die Gewissheit, dass es gleichermaßen schmerzhaft ist, einen neuen Freund zu verlieren wie einen alten.

Tagelang folgt uns der graue Himmel, er treibt uns aus den Bergen hinaus und verschleiert die Tatsache, dass es sie überhaupt gibt. Kein letzter Blick auf das Karakorum, keine Berggipfel über den Wolken, nichts, das uns in Versuchung führt. Gut. Wir gehen schnell. Es gibt keinen Grund, sich umzudrehen. Nichts zum Zurückblicken.

Der Australier Greg Child gehört zu den vielseitigsten Bergsteigern der Gegenwart. In seinem Tourenbuch finden sich anspruchsvollste Unternehmungen an den Bergen der Welt genau so wie kurze harte Sportklettereien. Die Schilderungen seiner Erlebnisse gehören mit zum Besten, was die zeitgenössische alpine Literatur zu bieten hat.
Wer Englisch fließend zu lesen vermag, dem kann sein 1993 erschienenes Buch »Mixed Emotions« ISBN 0-89886-363-5 nur empfohlen werden. Wer sich das dann doch nicht zutraut, der findet zumindest eine der darin enthaltenen Geschichten – »Lost in America« – in der Anthologie »Kopf in der Wand« (Panico Alpinverlag, vergriffen, Neuauflage als Panico-Klassiker für 2011 geplant).

Abenteuer Fisch

Die Insel in der Marmolada Südwand

von Heinz Mariacher

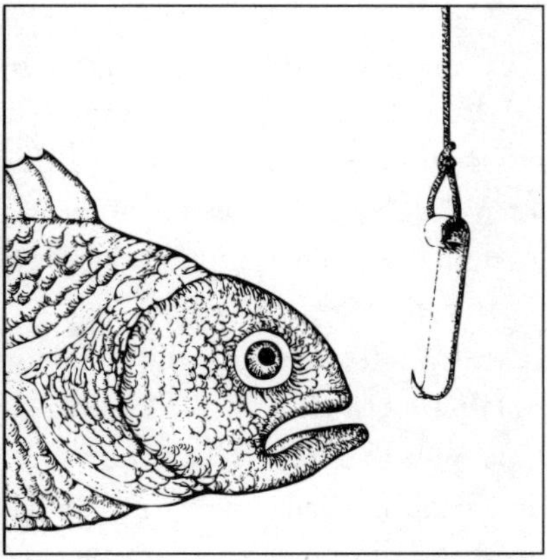

»Fischers Fritz fischt frische Fische.«
»Fischers Fisch fritzt ...«
»Frischers Fitz ...«
»Fisch – Nein, danke!«
Schuld an allem ist nicht einmal ein richtiger Fisch, sondern ein »Fisch« aus Fels, genauer gesagt eine große Nische in Form eines Fisches.
Dieser »Fisch« befindet sich mitten in einer der glattesten Wandzonen der Marmolada-Südwand, und seine besondere Bedeutung besteht darin, dass er einen großen Bauch hat. Er ist groß genug, um vier Leuten Platz zum Biwakieren zu bieten, eine winzige Insel der Zuflucht in einem erbarmungslosen Meer glatter, silbergrauen Felsplatten.
Im Sommer 1980 hatte ich diese Wandzone als »mein Problem« betrachtet und sie »Silberplatten« genannt. Die Marmolada-Südwand war damals »meine Wand«. Zumindest hatte Nino, der Hüttenwirt, mir den Titel »Padrone della parete sud« verliehen (was soviel wie »Besitzer der Südwand« heißt), und er musste es ja wissen. Nur die »Silberplatten« schienen nichts davon zu wissen – zwei Versuche endeten erfolglos.
Im Sommer 1981 kamen die Tschechen Indrich Sustr und Igor Koller. Nach einem Vorbereitungsversuch fanden sie den »Weg durch den Fisch« (7, A0 und A1). Drei Tage lang hatten sie sich durch den unmöglichen »Plattenpanzer« gesucht, ohne Bohrhaken, aber mit viel Mut! Trotzdem wurde damals in unseren Kreisen mit Kritik an ihrem Stil nicht gespart: Technisches Klettern verstieß gegen unsere Spielregeln und wenn es auch nur einige Meter waren. Der »Weg durch den Fisch« erhielt keine Wiederholungen. »Moderne Zeiten« wurde vorläufig die neue Spitzenroute, da sie reine Freikletterei bot. Doch sie blieb die letzte große Freikletterroute, und als sie mehrere Wiederho-

lungen erhalten hatte, rückte der »Fisch« wieder in den Vordergrund des allgemeinen Interesses, zumal man immer häufiger von erfolglosen Wiederholungsversuchen hörte. Es begann sich herumzusprechen, dass herkömmlich mit A3 bezeichnete Routen »Klettersteige« sind im Vergleich mit der tschechischen Bewertung A1 im »Weg durch den Fisch«.
Am weitesten waren die Voralberger Beat Kammerlander und Peter Schäffler in die mysteriöse Glätte vorgedrungen, und sie hätten das Rätsel »Fisch« als erste gelöst, wenn sie nicht durch ein Gewitter zu einem langen, mühsamen Rückzug veranlasst worden wären. Ihre Schilderungen des »tschechischen Al« ließen jeden Zuhörer mit einer Gänsehaut zurück und man begann zu ahnen, dass der »Fisch« eine Route war, die man erst einmal überhaupt bewältigen musste, ganz gleich, ob technisch oder frei. Weitere Versuche folgten, doch sie endeten alle unterhalb des »Fisches«.
Spätherbst 1983: Trotz des nahen, schon spürbaren Winters und der kurzen Tage hatten wir uns entschieden, noch dieses Jahr in den Kampf um den »Fisch« einzugreifen.
Das Ombrettatal war schon seit Wochen in tiefe Einsamkeit versunken und nur noch von Murmeltieren und Dohlen bewohnt. Das Problem war, dass wir nur knappe zehn Stunden Tageslicht hatten, um den einzig möglichen Biwakplatz, den »Fisch«, zu erreichen. Unsere Vorgänger waren trotz der langen Sommertage erst mit hereinbrechender Dunkelheit dorthin gekommen! Das Wettrennen mit der Zeit begann schlecht, genau gesagt mit einer Stunde Verspätung. Wir hatten verschlafen. So schnell es als Viererseilschaft und mit den schweren Rucksäcken möglich war, hetzten wir über den unteren Wandteil hinauf. In viereinhalb Stunden erreichten wir den Quergang mit den weißen Streifen, die schwierigste Freikletterstelle der Route. Zwei Rurpsl

vor dem Wegstarten waren die einzige Sicherung, dann ging es sechs, sieben Meter ins Ungewisse. Da blieb keine andere Möglichkeit, als schnell zu sein. Meine schon auf Winterschlaf eingestellte Ausdauerkraft ließ da kein langes Zögern zu. Um einige Jahre gealtert, machte ich mich an den drei Meter hohen »A1-Riss«. Er erforderte zwar keine Kraft, dafür aber Zeit – und wieder einmal Nerven! Die vorletzte Seillänge unterhalb des »Fisches« war nur mit 6-, A1 bewertet. Sie sah schwieriger aus, erschreckend glatt. So glatt, dass wir es an der Zeit fanden, unsere Geheimwaffe in den Kampf zu schicken: Manolo Zanolla. Er klettert so gut, dass man ihn vielfach als »Mago« (Zauberer) bezeichnet. Die unglaublichsten Gerüchte ranken sich um seine Person, und in Italien ist er eine lebende Legende.
Erbarmungslos verschwand die Sonne hinter dem Ombrettapass. Bei uns am Stand begann das große Zittern, während Manolo oben verbissen auf einen widerspenstigen Haken eindengelte. Langsam kroch die Dämmerung durch das Ombrettatal herauf – nicht auszudenken, wenn wir den »Fisch« nicht erreichen konnten! Unser »Mago« hatte endlich mit einem winzigen Cliffhänger Erfolg und begann wieder frei weiterzuklettern.
Der »Fisch« konnte nicht mehr weit sein, gerade noch hatte Manolo ihn knapp über sich zu sehen geglaubt. Jetzt sah er gar nichts mehr, auch keine Tritte und Griffe. Kein Wunder, es war stockdunkel. Unglaublich schnell und frostig war die Dunkelheit hereingebrochen.
Manolos Situation begann, tragische Ausmaße anzunehmen. Er befand sich 15 Meter oberhalb der letzten Sicherung und noch dazu in einer Kletterstellung, die kein Ausrasten erlaubte. Unser Ratschlag, einen Rückzugshaken zu schlagen, endete in einem unheilvoll in der Tiefe verklingenden: »Dleng ... dleng ... dleng ... dleng ... !«

Die nüchterne Feststellung von oben, dass die Situation nun »wirklich sehr komisch« zu werden begann, schien wohl nicht ganz den Ernst der Lage zu treffen. Von Gott und der Welt (und dem Hammer) verlassen an zwei kleinen Fingerlöchern in der Dunkelheit zu hängen, musste ein nicht mehr überbietbares Gefühl absoluter Ausweglosigkeit bringen! Wir zündeten unsere einzige Kerze an, um sie etwas Hoffnungsschimmer verbreiten zu lassen. Oben rührte sich gar nichts mehr und man hörte nur das Flackern der Kerze – und Luisa, die natürlich wieder als erste mit dem Zähneklappern anfing.
Dann, auf einmal doch ein Ausweg: Verzweifelte Finger hatten ein kleines Loch für einen Cliffhänger in der Dunkelheit ertastet. Die Spannung erreichte noch einmal einen Höhepunkt: Abseilen an einem Cliff! Langsam sahen wir im flackernden Kerzenlicht eine dunkle Gestalt auf uns zuschweben.
Wir hatten ihn unversehrt wieder, unseren »Mago«. Die allgemeine Erleichterung blieb aber durch das noch unter uns lauernde Abenteuer gedämpft: Mit nur einer Kerze bewaffnet 400 Meter in die bodenlose Schwärze abseilen!
»Alpinheldenromantik« in der Familientrommel. Irgendwann nach Mitternacht fühlten wir endlich Boden unter den Füßen. Wie Verirrte stolperten und klimperten wir durch die stockdunkle Nacht talwärts, bis wir endlich Zuflucht in der verlassenen Malga Ombretta fanden. Am nächsten Morgen begann eine Schlechtwetterperiode mit Schneefall bis in die Täler. Die diesjährige »Fischsaison« war damit unwiderruflich zu Ende.
Winter 1983/84: Die neue Idee hieß »Fisch« im Winter. Klettern und Biwakieren in einsamer Winterlandschaft – das musste den Gipfel alpiner Nostalgie bringen! Das musste fast wie an den Trangotürmen sein! Leider endete unser Auftrieb schon beim Einklettern am Gardasee. Schon dort waren wir öfter in

der »Birreria« beim Aufwärmen anzutreffen als an den Felsen. Was sollten wir da in 3000 Meter Höhe und meilenweit von der nächsten »Birreria« entfernt? Da war die Konkurrenz aus Rovereto schon entschlossener. Sie kam immerhin bis zum Beginn der Schwierigkeiten, vier Seillängen unterhalb des »Fisches«. Dort war es zum Glück (für unser verbliebenes Material) auch mit ihrem alpinen Tatendrang zu Ende.

Sommer 1984: Ein neues, vielversprechendes Kletterjahr hatte begonnen. Nach einem langen und schneereichen Winter traf man sich wieder in den Klettergebieten, tauschte Neuigkeiten und Zukunftspläne aus und war froh, dass im Gebirge noch haufenweise Schnee lag, so dass man sich ohne Gewissensbisse an den kurzen Sportkletterproblemen vergnügen konnte.

Doch immer wieder tauchte das Wort »Fisch« auf. Jeder wollte auf einmal die Route wiederholen. Als der Sommer näherrückte, die Tage länger wurden und der Schnee unterhalb der Wände langsam verschwand, begann das allgemeine Warten auf die Schönwetterperiode.

Die Schönwetterperiode kam – wir kletterten am Gardasee. Dann kam die nächste und die übernächste, und wir kletterten immer noch am Gardasee. Da brauchten wir uns wirklich nicht zu wundern, als wir erfuhren, dass Wolfgang Güllich den »Fisch« durchklettert und dabei sogar einen Film gedreht hatte. Die nächste Schönwetterperiode wurde im Verdongebiet genossen, und der »Fisch« war so gut wie vergessen. Er fehlte uns nicht im geringsten.

Der August brachte neue Nachrichten: Weder Güllich noch sonst jemand hatte bis jetzt den »Fisch« berührt! Nun ging das Ganze also wieder von vorn los ... und da war auch noch das neueste Gerücht: Güllichs Spähtrupp lauerte an der Marmolada» Südwand auf Schönwetter, um den Meister durch einen schnellen Anruf von Oberschöllenbach herunterzuklingeln! Da entschlossen wir uns nun doch, den Heimvorteil auszunutzen. Wir begaben uns vertrauensvoll in die Hände der Meteorologen. Unsere Drei-Mann und Eine-Frau-Expedition startete mit Beginn einer »komisch bewölkten« Schönwetterperiode in Richtung Marmolada. Unsere Befürchtung, am Einstieg Schlange stehen zu müssen, war umsonst. Wir klapperten dort mutterseelenallein mit den Zähnen. Der anfangs als überflüssige Last empfundene Anorak schien zum wichtigsten Ausrüstungsgegenstand zu werden! Frierend kurbelten wir die Pflicht-Seillängen bis zum Quergang mit den weißen Streifen herunter.

Diesmal war Bruno an der Reihe, sich graue Haare wachsen zu lassen. Völlig unbeeindruckt von der miserablen Sicherung, schnappte er sich in gewohnter Dynamik zum »Al-Riss« hinüber – wir zogen es vor, für einen Augenblick wegzuschauen! Der folgende »Artif-Stress« wurde durch zwei vom vorigen Jahr verbliebene (zu Copperheads umfunktionierte) Stopper erheblich erleichtert. Manolos Auftritt in der im letzten Jahr im Dunkeln einstudierten Horrorseillänge erwies sich diesmal (bei Tageslicht) als reine Routine. Allgemeiner Beifall von unten.

Der späte Nachmittag fand uns gemütlich im »Fisch« beim Abendessen versammelt. Obwohl noch einige Stunden Tageslicht blieben, dachte keiner mehr daran, die behagliche Schlafsackatmosphäre gegen den über uns drohenden »Cliff-Stress« zu tauschen und noch die nächste Seillänge vorzubereiten. Das war ein entscheidender Fehler, wie sich am nächsten Tag herausstellen sollte. Wie immer kam Luisa mit der unangenehmen Nachricht, dass es höchste Zeit zum Aufstehen sei. Der erste Blick aus dem Schlafsack verhieß nichts Gutes. Und sogar auf Kaffee musste an diesem kalten und unfreundlichen Morgen verzichtet werden.

Die Mannschaft beschloss mit drei zu einer (meiner) Stimme, dass ich mit dem Führen an der Reihe sei. Durch extremes Hinauszögern der Frühstückszeremonie gelang es mir aber doch noch, eine gute Stunde Schlafsack herauszuschinden und die ersten (und letzten) Sonnenstrahlen des Tages abzuwarten. Dann begann das größte Zittern und »Cliffen«.

Es war fast Mittag, als ich endlich an einer großen Sanduhr Stand machte. Die Unterhaltung an diesem Vormittag war ziemlich eintönig gewesen:
»Wie geht's?«
»Cliff...«
»Ist es schwer?«
»Cliff...«
»Wie schaut es aus?«
»Cliff...«
Manolo meldete sich freiwillig für die voraussichtlich letzte schwierige Seillänge. Keiner von uns rechnete jedoch damit, dass er noch weit kommen könnte, bevor die schwarzen Wolken erbarmungslos zuschlagen würden.
Nach fast dreistündigem Zähneklappern am Schlingenstand war immer noch nichts passiert – außer der Ankunft noch schwärzerer Wolken.
Die langersehnte Nachricht »Stand!« ließ noch einmal Hoffnung aufkommen. Vielleicht konnten wir doch noch das große Band erreichen, bevor das Spektakel losging. Oben am Stand fanden wir nur noch den Schatten unseres »Mago« vor. Er schien völlig erledigt zu sein. Statt einer Seillänge war er gleich zwei in einem Zug geklettert und hatte sich zuletzt mit einer »tierischen« Seilreibung an einem 15-Meter-Piazriß hinaufkämpfen müssen, während unter ihm ein Keil nach dem anderen herausgefallen war. Auch die noch verbliebenen Sicherungspunkte waren uns beim Nachjümarn fast alle entgegengeklimpert!
Graupelkörner zerplatzten auf unseren Köpfen! Wir schauten uns ratlos an: Noch hatten wir Zeit, bei Tageslicht den Wandfuß zu erreichen. Die ganze Mühe sollte umsonst sein? Das große Band schien zum Greifen nahe, aber da waren auch die Graupelkörner und der Fels, der langsam nass zu werden begann.

Jeder dachte, dass es nur eine vernünftige Entscheidung gab: Abseilen! Doch keiner sagte es. Vielleicht würde es doch wieder aufhören ... Unschlüssiges Abwarten und Frieren. Frieren, den ganzen Tag frieren! Dann graupelte es auf einmal nicht mehr, und neue Entschlusskraft kam auf. Bruno startete in die nächste Seillänge, wir klapperten wie gewohnt mit den Zähnen, und eine riesige, schwarze Wolke schlich heran. Bruno hatte fast den nächsten Stand erreicht, als sich eine neue Ladung Graupeln über uns ergoss. Da war es endgültig mit allen Zweifeln vorbei: Einstimmig bliesen wir zum Rückzug.
Einen Standplatz tiefer schien uns, als ob es im Westen doch wieder heller würde (oder weniger schwarz). Die Zweifel begannen von neuem ... das Ergebnis: Manolo und Luisa kehrten zum »Fisch« zurück, um sich endlich im Schlafsack aufzuwärmen, und ich jümarte wieder zu Bruno hinauf, der noch oben am Stand wartete. Falls wir zu zweit doch noch das große Band erreichen würden, könnten wir von dort aus mit zwei zusammengeknüpften Seilen die beiden anderen aus dem »Fisch« heraufholen. Doch der Fels war nass, und wir kamen nur langsam voran. Dichter, schwarzer Nebel hüllte uns ein, und es schien Nacht zu werden. Wieder fing es an zu graupeln.
15 Meter unterhalb des großen Bandes gab ich endgültig auf. Als wir bei den anderen im »Fisch« ankamen, wurde es natürlich wieder heller, und wir bereuten unseren Rückzug. Wir entschlossen uns, zumindest die Seile hängenzulassen. So blieb für morgen noch eine winzige Chance. Kurze Zeit später bereuten wir auch das – es begann wieder zu graupeln! Zum Abseilen war es jetzt endgültig zu spät. Die zweite Nacht im Fischbauch« begann mit schlechten Vorzeichen: Wir hatten kein Dosenbier mehr und mussten sogar das Abendessen rationieren! Überzeugt davon, am nächsten Morgen in einer verschneiten Wand aufzu-

wachen, begannen wir niedergeschlagen auf das Traummännlein zu warten ... und es kam auch. Als wir am nächsten Tag aufwachten, glaubten wir immer noch zu träumen, als statt des erwarteten Neuschnees strahlend blauer Schönwetterhimmel in den »Fisch« hineinlachte und uns »Guten Morgen!« wünschte. Doch die Härte der Wirklichkeit bestätigte bald jeden Zweifel: spärliches Frühstück, Jümarn und Rucksäcke schleppen, die letzten 15 Meter zum großen Band an einem wassertriefenden Riss – Eroberungsziel!

Nein, wir träumten nicht mehr, und das schöne Wetter war genauso real wie die nicht enden wollenden, langweiligen Schrofenseillängen des oberen Wandteils. Das Ziel war nicht der lang ersehnte Gipfelsieg, sondern die Seilbahn. Die Seilbahn, die in Minutenschnelle zur ersten Bar hinunterführt, wo die erste Tasse Kaffee wartet und das erste Glas Bier und die zweite Tasse Kaffee wartet und das zweite Glas Bier ... und wo all die anderen angenehmen Begleiterscheinungen der Zivilisation zu finden waren.

Und jetzt, da ich fast ein Buch über den »Fisch« geschrieben habe, müsste es doch möglich sein: »Fischers Fritz fischt frische Fische« – na also!

Technische Daten zum »Weg durch den Fisch«: Erste Begehung durch J.Sustr und I.Koller vom 2. bis 4. August 1981; erste Wiederholung durch M.Zanolla, B.Pederiva, Luisa Jovane und H.Mariacher vom 18. bis 20. August 1984. Schwierigkeit 7+. Einige Stellen A4; 850 Meter Wandhöhe. Von der Gesamtanforderung her ist die Route z.Zt. (1984) als schwierigste Route der Dolomiten und vielleicht der Alpen überhaupt zu werten.

Weitere technische Daten, die sich seit der Erstauflage dieses Buchs auftaten, beweisen die rasante Entwicklung des Klettersports. 1987 holten sich Heinz Mariacher und Bruno Pederiva, die die Route ja schon ganz gut kannten, die erste Rotpunktbegehung. 1992 stiegen Roland Mittersteiner und Hanspeter Eisendle sogar »on sight«, ohne die Route zu kennen, frei durch den »Fisch«.

Am 29. April 2007 kletterte der damals gerade einmal 23-jährige Tiroler Hansjörg Auer den »Fisch« free solo in zwei Stunden und 55 Minuten. Eine normale Zweierseilschaft benötigt in der Regel zwei Tage für die Begehung. Zur Vorbereitung auf seinen Versuch seilte Auer lediglich tags zuvor über die Route ab, um sich die Schlüsselstellen anzusehen. Die Schwierigkeit in freier Kletterei wird heute mit 8+/9- angegeben.

Seit den 1970er Jahren machte Heinz Mariacher durch schwierige alpine Klettereien von sich reden. Mit seinem konsequenten Verzicht auf Bohrhaken – bei seinen vielen Erstbegehungen an der Marmolade, wie auch bei der Rotpunktbegehung des »Weg durch den Fisch« – etablierte er sich als Vordenker des ernsthaften alpinen Sportkletterns.

Weitere Geschichten von Heinz Mariacher und Darshano L. Rieser findet man in der Anthologie "Wo die wilden Hunde wohnen" (Tyrolia).

Goldrausch

Erstbegehung an der Roßkopf-Südwand

von Darshano L. Rieser

Im Jahr 1984 war ein Runout im 8. Schwierigkeitsgrad, noch dazu bei einer alpinen Erstbegehung ohne Bohrhaken, gelinde gesagt, sehr avantgardistisch. H. Salvenmoser im Rofanführer: »Hier wurde Anfang der achtziger Jahre Klettergeschichte geschrieben ... Darshano hat sich damit ein Denkmal gesetzt.«

Part I

Wir haben uns auf einem Felsblock östlich des Ampmoosbodens niedergelassen. Feiner Holzfeuerrauch steigt sacht aus dem gemauerten Kamin der Almhütte, die sich schräg unter uns an den kargen Boden duckt. Ich sauge den harzig-herben, groben Duft tief in mich hinein. Die Glocken des Weideviehs an den Südhängen des Roßkopfs, also an der anderen Seite des Berges, bimmeln gelassen aber unermüdlich und fröhlich in den Tag hinein. Der Wind erfasst dieses helle Läuten, bricht sein Volumen, nimmt ihm seine Kraft, verwischt es zu einem homogenen breiten Säuseln und weht es hohl und gespenstisch, aber doch melodiös und lieblich zu uns auf die Nordseite herüber – trägt sie als fremdartig wispernde Sphärenmusik über unsere Köpfe hinweg dem Guffert zu: Klänge aus einer anderen Welt.
Die Augen suchen in senkrechter Wand ihren Weg, tasten die spärlichen Gliederungen ab, gleiten an glatten, haltlosen Platten entlang. Der Blick sucht das Gestein zu durchdringen, die Phantasie huscht in die Dunkelkammer, um kurz darauf mit sorgfältig angefertigten Ausschnittsvergrößerungen einzelner Felspassagen wieder ans Tageslicht zu treten ...

Hannes sitzt neben mir. Zuerst kann ich die längste Zeit keine Erstbegehungsmöglichkeit rechts der »Schmid-Führe« – die als

einzige die Wand durchzieht – entdecken, kann mir keine Linie vorstellen. Es sieht überall derartig kompakt, plattig und steil aus, dass ich nicht an eine neue Route ohne Bohrhaken zu glauben wage. Endlich beginne ich in Gedanken eine fragwürdige, aber immerhin, eine Chance, zu erahnen. Ich stoße Hannes in die Rippen: »Das wird beinhart!«
Ihm ist das egal. Er gehe so oder so nur nach, meint er. Ich steige ein ... Magnesiastaub wirbelt durch die Luft, Hannes gibt geduldig Seil nach, die Sohlen der Reibungspatschen – unter denen sich jetzt 100 Meter Luft befinden – versuchen jede Unebenheit im Fels zu nutzen, und weiße Hände greifen, tasten, drücken, ziehen. 7-. Ein Ablauf reflexhafter Kletterbewegungen, die mich zum Beginn des griffigen Piazrisses bringen. Ein Klemmkeil jetzt. Füße auf Gegendruck, Körper an die Arme gehängt – anziehen – Zug um Zug, bis ich den Felskopf dort erreiche; oben angekommen, ist die Enttäuschung groß – kein Kopf, zwei lose Schuppen nur, darüber eine zehn Meter hohe, geschlossene Platte. In der ersten Hälfte mit einigen Grifflöchern zwar, die weiter oben aber immer spärlicher werden und sich dann verlieren. Zwei Meter nach dem letzten Erosionsloch ist die Kante einer schrägen Rampe zu erkennen. Ich gebe mir keine Chance. Trotzdem ziehe ich mich zur Probe an den ersten Grifflöchern auf, komme sogar höher als erwartet – aber, je näher ich an die Rampenkante herankomme, desto deutlicher ist zu sehen, dass die Wasserlöcher aufhören. Nur mehr seichte Ausnagungen in ansonsten unerhörter Glätte ... Ich steige zurück und überlege. Zwei Haken fahren nebeneinander in den hier endenden Riss. Ausgleichsverankerung, Zwischensicherung. Trotz Hannes' Empfehlung abzuseilen, klettere ich mehrmals so weit, wie ich ohne Sturzgefahr komme, um die glatte Passage, die fehlenden Meter bis zur Rampe, zu inspizieren.

Ein Funke in mir hat gezündet, ein kleines Flämmchen hat sich entfacht, ich komme langsam zu der Überzeugung, dass die Stelle boulderbar ist.
Etwa acht Meter über dem Haken liegt der Goldschatz begraben, begierig ersinnen Augen und Verstand einen Plan, biegt sich in Gedanken der Rücken schon schlangengleich höher, klebt der Körper schier quer an der Mauer, reibt der Gummi die kalkgraue Platte, spüren Kuppen der Finger den winzigen Halt ...
Nachdem ich die einzig möglich erscheinende Griff- und Trittkombination im Kopf ausgearbeitet habe, klettere ich sie mental wieder und wieder, bis die Bewegungen zu meinem Fleisch und Blut geworden sind, ohne sie je ausgeführt zu haben.
Dann endlich – eine gute Stunde später – bouldere ich los, von der Sehnsucht befallen, vom Fieber erfasst; goldener Chaplin in grauschwarzer Wand. Sowie ich das letzte bekannte Griffloch verlasse, gibt es kein zurück mehr – wenn ich es nicht schaffe, muss ich zwanzig Meter weit springen. Konzentriert und nach Plan erreiche ich mittels Dellen und Mulden, kleinen Leisten und Auflegern, mit fliegendem Puls das anvisierte Felsrippchen, das den Übergang zur Rampe ermöglichen soll. Kalter Schweiß tritt mir auf die Stirn – die Kante ist viel zu abschüssig, um sie mit dem vorgesehenen Foothook zu überwinden. Meine Finger beginnen bereits weich zu werden, ein Blick nach unten zu den beiden Haken zehn Meter tiefer zeigt mir klar, auf welchen Flug ich mich vorbereiten muss. Knapp bevor mich die Fingerkraft vollends verlässt, entdecken meine Augen, die verzweifelt den Fels ober mir nach einer Möglichkeit absuchen, den Foothook zu ersetzten, eine mausgraue Wanne in mausgrauem Stein. Blitzschnell fixiere ich mit der einen, schnappe mit der anderen – die Wanne hat zum Glück eine scharfe Unterkante. Ich mantle durch, schnelle mit dem Fuß hoch, kann ihn auf

das Felsrippchen setzen, die Finger entlasten ... 8-? Der Mund ist total ausgetrocknet, und während ich auf der Rampe Stand baue, ist das Pfeifen meines Atems in allen Wänden ringsum zu hören ...

Part II

Diesmal bin ich mit Wolfgang hier. Er ist ein wunderbarer Mensch, empfindsam, aufrichtig – ein Freund. Sein Wesen ist derart sensibel, dass er sich lieber mimosenhaft verschließt, als in die Offensive zu gehen, wenn er sich in seiner Freiheit eingeschränkt fühlt. Aber gerade diese Sensitivität mag es sein, die es ihm ermöglicht, sich so spontan und vorbehaltlos in schwerem Fels zu bewegen, dass ihm sogar Routen des IX. Schwierigkeitsgrades in verblüffend kurzer Zeit – in einigen wenigen Versuchen oder gar »on sight« – gelingen.

Ich hole Wolfi am Bahnhof in Wörgl ab, wir flitzen nach Kramsach, erreichen in letzter Sekunde die Talstation, stimmen in aller Eile die nötigste Ausrüstung ab und packen sie hastig in die gerade zur Verfügung stehenden Säcke und Taschen, während ich nebenher mit dem Liftmann verhandle, dass er uns doch noch hochfahren lässt. Schließlich schwingen wir uns – ich nur in einem Socken und noch in Sandalen, Wolfi vom Stress halb aufgelöst – in die luftigen Stühle der Sonnwendjoch-Bergbahn und treiben den Höhen entgegen.
Die Hetze von vorhin werfen wir wie einen Anker über Bord, schauen ihm noch ein Weilchen zu, wie er in den Fluten der schnelllebigen Zeit versinkt, stets bereit, bei der nächsten Gelegenheit wieder vom Meeresgrund an die Oberfläche des Unter-

bewusstseins gehoben zu werden, und endlich kehre ich wieder in meine Mitte zurück, kann mich meditativer der Gegenwart widmen.
In letzter Zeit werden mir die kleinen Schönheiten der Natur immer bewusster, und ich kann Poesie in mich einströmen lassen. Die Auffahrt mit dem Sessellift ist jetzt das reinste Erwachen.
Getragen von ganzen Wogen schrillen, und doch harmonisch in die laue Nachmittagsluft drängenden Grillengezirps, schwebe ich auf den Wolken der Töne nach oben. In rhythmischen Abständen wallen wahre Zirp-Orkane rauschend gegen meine Ohren. Wie wild aufschäumende Meereskronen schlagen die Klangwogen über mir zusammen, um dann wieder, still verebbend, mir heimlich das Gefühl zu geben, gestrandet zu sein – nur mehr ein Ahnen entfernt tosender Stürme zurücklassend, als mild gedämpften Grillengesang, von Gräsern, Büschen halb verschluckt ... Um dann erneut erst richtig anzuschwellen. Noch intensiver als zuvor vermischt der Grillenchor sich jetzt mit Vogelzwitschern, Liftgeräuschen, Menschenstimmen dort im Wald ...

Am Abend in der Hütte, nachdem ich die Mädchen mit einigen Zaubertricks unterhalten habe, während sich Wolfi gänzlich in Hermann Hesses »Nürnberger Reise« verliert, begeben wir uns ins Lager hinunter und lassen das große Fenster zur Bühne werden: Eine pechschwarze Nacht, deren Dunkelheit nur von Sterngruppen unterbrochen wird, von Milchstraßen und Galaxien – ein utopisches Bild.
Die Lampe hinter dem Berghaus zieht magnethaft zahllose Nachtfalter an, die sich wie Glühwürmchen – hell glimmend gegen den kohlrabenfarbenen Himmel abheben. Pulsaren und

Sternschnuppen gleich rasen die goldenen Falter vor der Kanzel unseres imaginären Raumschiffs hin und her, wie von Drogen entzückt, vom Tanz fasziniert ... Und je länger wir schauen, desto fremder wird der Alltag, desto wahrer wird das Leuchten der Schwingen, wird das Glänzen der Falter, die vom Lichte gefesselt – dem Goldrausch verfallen.

Bereits vor Tagesanbruch verlassen wir das Berghaus und tappen im Finstern dem Roßkopf entgegen. Um den angesagten Nachmittagsgewittern zuvorzukommen, sind wir um vier Uhr aufgestanden. Bald taucht der schwarze Horizont in fahlen Schein, der schüchtern fast, unmerklich heller wird, sich färbt in Elfenbein und Graupastell.

Starke Bewölkung lässt uns nur ab und zu den Mond erhaschen. Wir stolpern den steilen Weg zum Ziereiner-See hinunter, der spiegelglatt im Morgen liegt. Keine Krause, kein Wellchen, kein Nichts. Beim Einstieg angelangt, fallen die ersten Tropfen, ich dränge weiter, flugs[1] klettern wir die bereits bekannten Seillängen, stoßen ins Neuland vor und werden erst unter dem markanten Dach mit dem gelben, U-förmigen Wandfleck gestoppt. Das Wetter hat sich eingependelt. Wolfgang beginnt einen heiklen Seilzug-Pendel- und Gleichgewichtsquergang, der uns raffiniert ganze vierzig Meter nach rechts in den Verschneidungsgrund bringt.

Jetzt klemme ich den Riss hinauf, spreize die Beine ganz weit, piaze über das Schuppendach, immer die Augen Ernst Schmids[2] im Rücken, der schon seit Stunden durch das Fernglas zu uns heraufspäht. Trotz seiner sechsundachtzig Lenze ließ er es sich

---

1 Flugs deshalb, weil zuvor eine deutlich leichtere Umgehung der Schlüsselstelle (VI) des »Part I« gefunden worden war.

2 Der »Rofanpapst« – Erstbegeher der nach ihm benannten Nordwandroute am Roßkopf und vieler anderer Kletterwege im Rofangebirge.

nicht nehmen zur Wand zu kommen, um unseren »Sieg« zu verfolgen. Ein steiler, sich verlierender Fingerriss, der etwas brüchig wirkt, zwingt ohne Erbarmen, ohne zu zögern, ins Ungewisse ... Wie immer ist es ein deutlicher Sprung ins Risiko, den ich erst dadurch auf mich nehme, dass ich mich vom Niveau des reinen Schauens und Überlegens, des Abwägens und Einschätzens, des »Mich-Fürchtens« und doch »Mutig-Sein-Wollens« auf die Ebene der Tastnerven, des Tuns begebe, die ersten Griffe der betreffenden Stelle nicht nur begutachte, sondern sie ordentlich belaste, Angst und Mut hinter mir bleiben, indem ich einfach den letzten guten Tritt verlasse, alle Gedanken in den Abgrund stürze, indem ich aussteig' aus dem Kopf und nur mehr Finger, Zehen, Balance und Muskeln bin ...

Ein kleines Dach mit Faustriss ist mein Lohn, der Mutterfels, waschruppelgleich gerippt, vom Klettergott gemacht für Klemmkeil Gr. 9 bis 11. Der Rest rieselt wie Sand durch unsere Hände – der Fels zieht unter uns hindurch wie Landschaft unterm Düsenjet. Sanft wird unser Inneres dann – am Gipfel wortlos still, erwartet von einer jungen Gämse, die keine zwanzig Schritte von uns entfernt schier reglos unserem Blick posiert, ganz aufrecht stolz auf einem Zacken steht, zum reichen Goldfund gratuliert.

Aktuelle Anmerkung: 2004, also 20 Jahre nach Darshanos Erstbegehung, gelang der Seilschaft Raimund Moser/Günther Gapp die erste und bisher einzige Wiederholung der Route, wobei Raimund Moser die Schlüsselstelle, die er bereits 1991 einmal toprope inspiziert hatte, vorstieg und dabei den Runout durch eine Zwischensicherung (mit Tape in einem Fingerloch fixierter Nut) etwas entschärfen konnte.

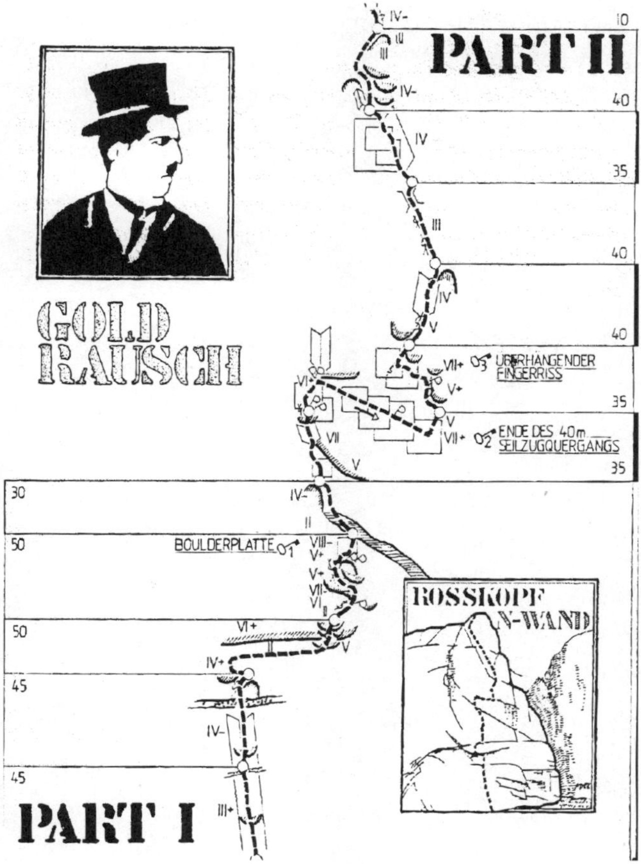
GOLD RAUSCH
PART II
PART I
ROSSKOPF N-WAND
ÜBERHÄNGENDER FINGERRISS
ENDE DES 40m SEILZUGQUERGANGS
BOULDERPLATTE

Die Überschreitung

von Bernard Amy

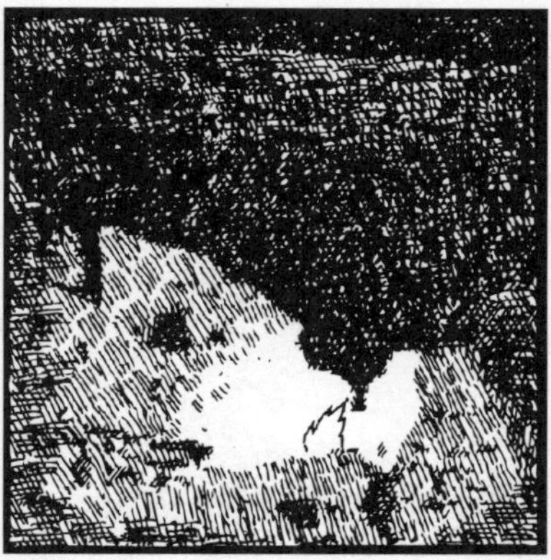

Die Felstürme am Horizont waren schon von weither unsere Orientierungsmarke gewesen, aber dennoch verirrten wir uns in dem Gewirr von Schotterpisten, die auf keiner Landkarte zu finden waren. Vielleicht hatten wir bereits die Grenze überschritten – die Landschaft war jetzt so ganz anders – Aber wie hätten wir das sicher wissen können? Nur die Türme blieben unverändert, schwarz gegen den blauen Himmel, der riesige runde Gipfelblock der höchsten Spitze schien die Schwerkraft zu verhöhnen.

Früh am Nachmittag, wir hatten schon fast die Hoffnung aufgegeben, ein Schild: »Sie befinden sich auf Indianerland. Den Zustand der Straße bitten wir zu entschuldigen – unser einziger Reichtum ist nicht Öl, sondern die Erde, auf der wir mit nackten Füßen gehen.« Einige Meilen später endete die Schotterstraße bei einem Dorf von abweisenden Häusern, so grau und staubig wie ihre Umgebung.

Wir schauten uns um. Die Straße war leer. Vor der Wagentür empfing uns ein staubwirbelnder Wind, wir lasen das Schild über der Tür: CAFE-TOURIST HOTEL, gingen weiter, rüttelten an Türen, betraten ein dunkles Haus mit Lehmboden, wo einige traurige Exemplare indianischer Kunst auf ein Souveniergeschäft schließen ließen. Aus einer uneinsehbaren Ecke des Ladens trat geräuschlos ein Mann auf uns zu, in den lichten Rahmen der Tür. »WaswollnSie?«
Er war im Cowboy-Look gekleidet, die ausgeprägten, feinen Züge der High-Sierra-Indianer misstrauisch erstarrt und verkniffen. Wir versuchten zu erklären. »WaswollnSie?«
Wir fragten nach Zimmern, mit einer kaum wahrnehmbaren Bewegung des Kopfes wies er nach hinten, seine Farbe trocken

und hart, wie das Land, in dem er lebte. Er konnte uns beherbergen.
Aber wollte er das auch? Mir sah es nicht so aus. Ging ihm unsere Anwesenheit auf die Nerven? Oder vielleicht weil wir es waren, Touristen, Weiße? Wir sprachen: »Eure Felstürme dort drüben, sind sie bestiegen?«

Er war gerade dabei gewesen, in die Dunkelheit abzutauchen, aus der er gekommen war. Abrupt hielt er jetzt inne, wandte sich uns wütend entgegen: »Es ist verboten.«
Wir verstanden weder seine Wut, noch das Tabu:
»Warum?« »Stammesgesetz.«
Seine tonlose, harte Stimme verbot jeden Widerspruch. Er beobachtete uns bis zur Tür. In dem Augenblick, als die Türme greifbar nahe erschienen, waren sie uns von einem Gesetz entrissen worden, das wir weder gekannt hatten noch verstehen konnten.

Im Osten brach hinter den Türmen die Nacht herein. Sie sahen merkwürdig nahe und reglos aus über der Hitze der Wüste, fast als ob das Dorf auf sie zugeglitten wäre. Die Sonne des späten Nachmittags verwandelte die Staubwolken in Bronze. Die Realität von Dorf und Straße verblasste, und flimmernd wurden die Umrisse einer unwirklichen Welt vor meinen Augen sichtbar. Wieder betrachtete ich die Türme, fühlte die Kristalle, die Strukturen und Kräfte, die den Gipfelblock in der Waage hielten und wusste, dass wir trotz unserer Beharrlichkeit nur wenig Aussichten hatten, auch nur den Fuß der Felsen zu erreichen.
Der Indianer wartete drinnen, eine Hand an der Tür, seine lästige Anwesenheit störte meine Gedankengänge. Ich spürte, dass er mich am Ende einfach verjagen würde, aber ich wollte

dennoch für einen Augenblick meine Illusion, dass nicht alles verloren sei, aufrechterhalten. »Wahnsinnig gut sehen sie schon aus«, murmelte ich und wandte mich dem Indianer zu: »Wie auch immer, Sie können mich nicht daran hindern, mir die Türme mal anzuschaun.«
Das schien ihn zu verwundern, sein Gesicht war jetzt weicher.
»Nein, das ist nicht untersagt, aber Sie müssen das schon von hier aus erledigen.« »Haben Sie die Türme jemals besteigen wollen?«
»Ihr kommt und habt keine Ahnung von uns. Wozu seid ihr eigentlich hier?«
»Um auf der Erde zu gehen und den Fels zu berühren«, erwiderte ich und wies hinaus auf die Wüste, die Berge und die Türme, die über seinem Dorf drohten.
»Du weißt nichts von uns«, wiederholte er, als ob er meine Bemerkung nicht gehört hätte. »Früher bestiegen wir diese Berge. Es gab einen Brauch bei meinen Leuten, aber das hat sich geändert, und heute ist hier Eure Geschichte lebendig.«
»Aber warum aufhören, wenn man einmal auf den Geschmack des Kletterns gekommen ist. Es liegt Freude darin ...« »Ich weiß«, die Antwort war knapp, »und meine Leute wissen es. Seit der Ungehorsam ...«
Er hielt inne, schien sich abwenden zu wollen, fuhr aber fort ...
»Wenn sie wollten, könnten die Weißen, die in unserem Land leben, verstehen, weshalb wir es verboten haben. Aber Du, aus einem fremden Land, mit einer anderen Geschichte ... Komm' heute abend, dann kann ich Dir vielleicht helfen zu verstehen. Geh' jetzt!«
Seine Stimme war wieder hart. Er schob mich hinaus und schloss die Tür ab.

Er hatte an seiner Tür gewartet, bedeutete mir zu folgen und machte sich entlang der Straße auf den Weg. Ich hielt ihn zurück:
»Wie heißt Du?«
Die Nacht war so still, dass ich geflüstert hatte. Er wandte sich um, erstaunt, und murmelte laut: »Mein Name gehört meinem Volk – es ist der des berühmtesten meiner Vorfahren. Kowapi! Aber es wird nicht entscheidend sein. Komm' jetzt.«
Wir gingen in Richtung der Türme, schweigend, unsere Schritte waren die von Menschen, die zwar auf der Erde gehen aber dabei sind, einen Schritt zu tun, der sie über ihre Vorstellungswelt hinausführen wird. Wir beschrieben einen Bogen und stiegen hinunter in eine tiefe Schlucht auf einem Pfad, der von Absatz zu Absatz abwärtsführte. Die Türme lagen uns jetzt im Rücken. Endlich rückten die Schluchtwände so dicht zusammen, dass zwischen ihnen nur mehr ein riesiger Spalt offenblieb, und Kowapi lief mir entlang dem schmalen Sims davon, der wie ein Hochseil in den Raum gespannt zu sein schien. Weit über uns wölbten sich die Wände und versperrten den Himmel. Ich verlor Kowapi aus der Sicht, aber stolperte vorwärts ins Leere, irgendwie des Weges sicher, den er gegangen war und voll Vetrauen darauf, dass er irgendwo weiter vorn auf mich warten würde. Der Spalt wurde noch enger, die Masse des Berges schloß sich um mich, so dass ich mich seitwärts drehen musste. Ich zwängte meinen Körper durch diesen Durchschlupf ins Undurchschaubare, ertastete den Weg, voll Angst vor der Enge des Spalts und dem unauslotbaren Abbruch unter mir.
Plötzlich weitete sich der Gang, und ich trat hinaus in ein riesiges Amphitheater, vom Mondlicht erleuchtet, das hinter dem Gipfelblock des Hauptturms hervorschien – der nun

zum Greifen nahe war, eingerahmt von den Schluchtwänden, einer unfassbaren Masse aus überhängendem ockerfarbenen Fels. Gegenüber überspannte ein Felsbogen ein auf Terrassen gebautes Indianerdorf, an dessen Eingang ein Feuer seine Funken weit in den Himmel warf. Ich konnte eine Gruppe von Männern erkennen, die im Kreis um das Feuer saßen und in gemessenem Tempo einen Sprechgesang rezitierten, der, von den Überhängen verstärkt, zurückgeworfen wurde, bis er das ganze Amphitheater erfüllte.

Ich trat näher heran. Der Zirkel bestand aus Männern, die auf dem nackten Boden hockten, Knie an Knie, die Gesichter zum Feuer gewandt, in Konzentration getaucht, ihr Gesang gleichmäßig, ununterbrochen, unvergesslich. Ich erkannte Kowapi, ging zu ihm hinüber und setzte mich kreuzbeinig neben ihn auf den einzigen leeren Platz. Der Gesang wurde lauter. Mir kam es vor, als sei ich der Brennpunkt seiner Widerklänge, mein Körper schwang mit den Rhythmen, die mich von allem entleerten, was mich an diesem Ort zu einem Fremden machte.

Ein Mann erhob sich, machte die Runde um den Kreis, indem er etwas aus einer Tragtasche nahm und jedem auf die Zunge legte. Ein Pilz. Mit eindringlicher Stimme forderte mich Kowapi auf zu essen. Der Sprechgesang verlangsamte sich, wobei Rhythmus und Kraft erhalten blieben, zu langen, langgezogenen Wortreihen, die schließlich in ein Gebet überführten, das eine Einheit zwischen den Männern herstellte, die so alt war wie ihre Rasse. Aber ich war ein Fremdling. Gerne wäre ich gegangen, aber ich fand mich verwurzelt, ein Fels im Felsen, unverückbar. Übelkeit. Eine zur tiefsten Ebbe zurückweichende Flut, die Gewicht und Substanz mit sich fortschwemmte.

Eine Hand auf meinem Arm. Kowapi, immer noch rezitierend, seine Augen so direkt auf die meinen gerichtet, dass sie zu wissen schienen, was in mir vorging. Vor uns tanzten die Flammen, die emporschlugen, bis sie fast den gesamten Raum unter der Kuppel des Felsens zu füllen schienen – nicht festlegbare sich windende Gestalten, die einen Brechreiz hervorriefen, ein Schwindelgefühl, das im tiefsten Grund meiner Augen brannte. Kowapi flüsterte: »Schau nach, wo der Drang, dich zu entleeren, seinen Ursprung hat.«

Ich gewann wieder Klarheit. Die Übelkeit, der ich hatte entfliehen wollen, kam von drinnen; nach innen führte der wirkliche Weg. Ich verstand, dass auch Felsen nach Flucht verlangen, dass aber ihre einzige Zuflucht in ihnen selbst liegt. Ich schloss meine Augen, um in den stillen, friedlichen Raum einzutauchen, wo die selben warmen Lichter still spielten, wie die Flammen, die es nicht geschafft hatten, mich zu zerstören. Ich stürzte jetzt in ein kühles Meer, wo mich nichts mehr führte. Ich musste auftauchen, Fels und Feuer wiederfinden. Aber wohin sich wenden? Ich nahm den Fels zum Führer. Was tut ein Fels, wenn er wünscht, nicht länger zu fliehen? Er wendet sich anderen Felsen zu, um einen großen Fels zu erschaffen, der alles umfasst und zum Ganzen einer Welt wird. Wenn ich die Welt hereinließe, mich ihr nur öffnen könnte, meine Augen öffnen könnte!

Ich war auf der Terrasse: Überhänge, das Feuer, der Kreis der Indianer. Kowapi führte mich am Arm. Der Gesang schien jetzt unzerstörbar, stärker zu sein, er klang herüber aus den Anfängen der Geschichte dieses Landes. Ich fühlte die Hitze des Feuers auf Händen und Gesicht, die Kälte der Nacht griff nach meinen Schultern. Wenn ich die Augen schloss, verschwanden Hitze und Kälte – jenseits der mich umgebenden harten Schale, in der der Gesang sich sein Zentrum suchte – und ich folgte ihm hinein in die Farben und das blendende Licht. Um mich herum erhoben sich die Männer und fuhren fort mit dem Gebet. Ich bemerkte, dass auch ich stand. Ein Mann löste sich aus dem Kreis und kam auf uns zu, blieb vor uns stehen und rief: »Kowapi, Kowapi.« Ich drehte mich um. Kowapi war nicht mehr neben mir. Eine Flut der Bestürzung. »Öffne die Augen«, befahl er, und während ich gehorchte, merkte ich, dass er in seiner eigenen Sprache gesprochen und dass ich verstanden hatte. Der Häuptling rief noch einmal: »Kowapi, Kowapi, es ist Zeit, dass du gehst.« Das Lied ertönte lauter, und über ihm klang noch stärker die Stimme: »Du bist einer von Denen Die Klettern, und heute ist die Reihe an dir. Denke an dein Volk. Sie brauchen dich. »Steige Kowapi! Bringe uns die Pflanze der Einheit herab!«

Vor meinen offenen Augen waren die Türme und der Gipfelblock verschwunden. Stattdessen ragte eine riesige ebenmäßige Kuppel aus hartem Fels in den Himmel. Der Gesang trieb mich auf sie zu, die Sonne, die im Zenit stand, brannte in den Augen. Ich verließ die Männer, querte und begann die konvexen Platten hinaufzuklettern, der Gesang stieg mit mir, die Kuppel stand im Widerschein des Feuers.

Ich berührte ihren harten Fels, fast kalt, spürte die Rauhigkeit, Erinnerungen überfluteten mich, an Jahre, die vergangen waren, an die Kindheit, die Wallfahrten meines Stammes von den Ebenen zu den Schneebergen, an heilige Männer, die auf höchste Gipfel stiegen, um die Ernte für die Feste einzubringen – die Auserwählten, denen die Aufgabe zufiel weiterzutragen, was uns zum Volk des Felses machte, deren Aufgabe es war, die Kunst des Felses zu bewahren und die Pflanze zu finden. Und ganz unversehrt fand ich dort auch die Freude jenes Tages wieder, als ich, damals noch ein Jüngling, mich zur Einweihung entschied. Wieder sah ich die Jahre der Lehrzeit, die Aneignung von Technik, die Übernahme von Wissen. Ich erinnerte mich an den Tag, an dem mich mein Volk vor dem Feuer unter einem roten Felsüberhang zu einem von Denen berief, Die Klettern. Der Häuptling hatte sich erhoben: »Vergiss niemals die, die unten auf dich warten, und auch nicht den Grund ihres Wartens. Vergiss niemals, dass es deine Fähigkeiten am Fels sind, die dich zu einem Sucher nach der Pflanze weihen.«

Weit drunten füllte das Lied immer noch die Luft über dem flachen Land. Ich war nicht mehr eingehüllt vom Fels, sondern auf seiner Oberfläche, mein Tun drängte aus mir heraus, ergriff Besitz von meinem Körper und hob ihn empor. Ich stieg! Endlich war ich am Klettern, agil, feinfühlig, besessen, so sicher dieser Kräfte, die, so bemerkte ich plötzlich, mich außer dem Klettern alles vergessen ließen. Ich erstarrte. Die laute Stimme des Häuptlings tönte wider in meinem Gedächtnis: »Nur die Pflanze zählt! Die Pflanze und die Einheit.« Er sprach von der Schwierigkeit der Suche, dem Lockruf des Felses, von Unaufmerksamkeit, die wie ein Rausch ist, und er sprach von der Freude, die alle Teile des Körpers durchdringt. »Der Fels ist nur der Weg. Er ist der Pfad, der zur Pflanze, zur Einheit und zu deinem Volk führt. Wer das vergisst, wird stürzen.«

Aber ich dachte nicht länger an den Fels, sondern überließ mich der berauschenden Suche im Klettern, aufwärts, dem erhobenen Ort entgegen, wo ich den Pilz für mein Volk finden würde. Ich blickte in die Sonne, dann entlang dem sanften Schatten der Wand. Mir selbst zum Trotz, trotz der Stimme meines Häuptlings, trotz der Rezitation des ewigen Großen Gesangs, begann das Klettern wieder in mir zu wachsen.

Und ich konnte Stimmen hören, aber verglichen mit den lebendigen Augenblicken waren sie leere Worte, tot und undurchsichtig wie staubige Opale. Sie erzählten von großen Zeremonien am Fuß des Felsens, von Festen und Gebräuchen, die

selbst schon lange gestorben waren. Ich sah mich steigen, Griffe benutzen, mich über den Boden erheben – nur um ein Leben zu verlängern, das sich in Wortwiederholungen und eintönig wiederkehrenden Tagen erschöpfte. Ich würde niemals wahrhaft einer von Denen Die Klettern werden, da ihre Fixierung auf die Pflanze und die Einheit des Volkes von ihnen ein Leben forderte, das sich in den überkommenen engen Bahnen bewegte.
Als ich über die Worte und das Lied emporstieg, hörte die Welt drunten mit all ihren toten Zeichen für mich auf zu existieren. Ich stand schamlos am Gipfel, unten, voll Erwartung, mein Volk. Da ich die Pflanze vergessen hatte, weil das Klettern für mich keinem anderen Zweck gedient hatte, als sich selbst zu genügen, hatte das Emporsteigen mich zu einer neuen Einheit geführt. Die Pflanze würde ich nicht pflücken, aber denen, die warteten, würde ich von dem neuen Leben erzählen, das sich hinter dem alten, toten verbarg und auch von den neuen Gesetzen, die jenseits des alten Systems zu befolgen waren.
Aus diesem reinen Augenblick heraus öffnete ich meine Augen. Das Feuer rötete, die Männer aufrecht und unbeweglich. Kowapi lächelte und bedeutete mir, mich zu ihm zu gesellen.
Wir verließen die Terrasse, die Männer, starr, schienen uns nicht zu bemerken. Auf der Ebene lag die Nacht kalt und still im Mondlicht. Vielleicht hatte das Felsendorf niemals wirklich existiert. Vor seinem Haus meinte Kowapi: »Ich werde dich verlassen. Ich hoffe, du hast verstanden.«
»Du hast mit mir von Ungehorsam gesprochen. Kowapis Ungehorsam auf der Gipfelkuppel?« »Wenn du dich daran erinnern kannst«, bestätigte er mich, »bist du auf dem Weg zum Verständnis, du wirst deine Fragen beantworten können.«
»Ich bin nicht sicher, alles gesehen zu haben, was ich sehen sollte.« »Der Gesang führte dich in unser Gedächtnis, die Bewe-

gungen des Steigens, die dir gegenwärtig waren, weckten die Geschichte meines Vorfahren Kowapi. Ich bin dir nicht gefolgt, aber ich weiß, dass das Erlebnis tief genug geht, um dich verstehen zu lassen.«

»Aber das Verbot ...?«

Kowapi hielt inne und fuhr mich ungeduldig an:

»Was für Kowapi bedeutsam war, war nicht das Klettern für sich oder das, was es uns bringt, sondern der Ungehorsam. Klettern ist wertlos, wenn es nicht eine Form des Ungehorsams der Tat ist, wie die Poesie im Reich der Sprache. Am Gipfel hatte Kowapi Einsicht erlangt; statt seine Technik einzusetzen, um nach dem heiligen Pilz zu suchen, hatte er sie zum Selbstzweck erhoben. So war er einer Erkenntnis der Welt innegeworden. Ohne die festgefügten Grenzen seines Stammes zu überschreiten, wäre dies nicht möglich gewesen. Er stieg herab ohne den Pilz, so dass die Leute dachten, er habe die Todsünde begangen, ihn alleine zu verzehren. Das Gesetz verfügte seine Verbannung. Als er von der Reise nach Innen zurückgekehrt war, wurde er jedoch auch wie jemand behandelt, der besessen ist vom Großen Geist, der Essenz von allem, wir geben ihm den Namen Wakan Tanka. Er erzählte mir, wie er gelebt hatte, um seinen Glauben zu läutern und neue Bräuche zu schaffen. Der Pilz sei ein Mittel, Einheit zu finden. Aber auch das Klettern, das uns lehrt, der Sprache der Erde zu lauschen, sei ein Weg der Einswerdung mit der Welt. Aber der Stamm verstand nicht und vertrieb uns aus ihrem Land. Die Verstoßenen jedoch vergaßen Kowapi nicht und stiegen weiter nach seinem Vorbild.

Eines Tages kamen weiße Männer aus den großen Städten, um unsere Türme zu besteigen, mit absonderlichem Rüstzeug. Die jungen Männer unseres Stammes begannen, auf die gleiche Art zu klettern. Ich folgte ihnen in ihre Städte und kletterte mit

ihnen. Der Geist Kowapis war dabei, den Stamm zu verlassen. Klettern begann, ein Teil unserer Unterwerfung unter den weißen Mann zu werden. Im Reich der Sprache ist das Schweigen eine Form des Ungehorsams. Ein Mittel um sicherzustellen, dass unser Klettern nicht zu einem Aspekt der Unterwerfung wird, ist sein Verbot. Ich bat gute Kletterer, unsere Türme zu besuchen. Sie tilgten jede menschliche Spur. Dann verhängten wir das Verbot, denn die Weigerung zu klettern war zur neuen Form des Ungehorsams geworden. Vielleicht wird eines Tages ein junger Mann kommen, der gegen diese Regel aufbegehrt, er wird uns dann etwas Neues lehren. Aber« – und Kowapi fixierte mich entmutigend – »er wird nicht deiner Rasse angehören.«
Er ließ mich stehen, und ich verstand. Im selben Augenblick, in dem er aufgehört hatte zu reden, verirrten sich seine Augen zu den Türmen, in dem flüchtigen Aufblitzen lag ein tiefes Bedauern, als ob ein aus den Bergen Verwiesener bedrängt würde von fernen Bewegungen.

Unterwegs nach Hause

von Reinhard Karl

Plötzlich auf einem Berg, es ist ein kleiner Felsen, die Klosterwand in der Pfalz, kommt mir zum ersten Mal zu Bewusstsein, dass die Jahre vorbeigeflossen sind, dass das alles vorbei ist und nur noch in der Erinnerung weiterleben wird. Nachdenklich hänge ich immer wieder einzelnen Szenen nach, während ich auf dem Gipfel sitze und das Obensein genieße. Plötzlich, mit erschreckender Stärke und Genauigkeit, dringen die Erinnerungen ein, stehen wie Geister auf und durchdringen jeden Muskel.

Von da an bewegt sich alles in gleitenden Ebenen: meine Gedanken, meine Träume, meine Handlungen, mein ganzes Leben. Ein Sprung über die eigene Jetzt-Identität, bei dem man landend in tausend Stücke der Vergangenheit zerbricht. In tausend Ichs, jedes dieser Ichs hat mal gelebt, früher. Jedes einzelne Ich war eine Geschichte, eine Sehnsucht, eine Enttäuschung, war einmal.

Wie ein Durstiger in der Wüste trinke ich aus der Vergangenheit und zerquetsche alle Erlebnisbrocken zu einem einzigen Gefühlsmatsch. Das ist die große Zersplitterung, wenn man älter geworden ist, die große Veränderung. In der Jugend war ich ganz. Naiv habe ich die Welt nur mit meinen Augen gesehen. Freude und Schrecken trafen mich zusammen. Ich stand als einheitliches Wesen auf, um zu arbeiten, zu klettern. Und ich ging als Reinhard, als eine Person mit meiner Erlebniswelt wieder ins Bett.

Und dann kommt die andere Zeit: dann, wenn man – umgekehrt – nur in Teil-Ichs lebt: ich, der Bergsteiger. Man hat sich mittlerweile das Leben eingeteilt, sich vernünftig arrangiert mit den Anforderungen der Gesellschaft. Dann saugt man nicht mehr gierig den Wahnsinn des Lebens auf. Und man genießt das in vollen Zügen: die Autos, die Frauen, die Berge. Man denkt nur noch gelegentlich an das, was vorher war, meistens, wenn man betrunken ist. Wie ein Besessener durchlebt man dann erneut die Jugend, was damals gar nicht wichtig war und jetzt plötzlich so wichtig ist. Wie ein Unfallopfer, das einen Black-Out erlitten hat, arbeitet man sich zurück an die erste Freundin, das erste Mal Liebe, das erste Auto, den ersten Unfall, das erste Mal Klettern, das erste Mal Stürzen. Alles, was zum ersten Mal passierte, ist dann ungeheuer wichtig. Das kommt nie wieder. Das sucht man sein ganzes weiteres Leben.

Mit vierzehn Jahren sagte man mir, ich würde mich noch sehr verändern, aus mir würde noch ein richtiger Herr werden. Da bekam ich Angst, was sollte denn aus mir werden, wenn ich ein anderer werden würde?

Da war ich noch am Anfang, am Boden des Berges, der Leben hieß. Da war Heidelberg für mich noch ein unüberschaubarer Raum. Mit siebzehn begannen meine Fahrten zu den Bergen. Am Anfang war es eine Suche nach der Natur. Es wurden »kleine Fluchten«, Samstag-Sonntag-Fluchten. Am Anfang war es ein Weglaufen aus dem Dunkel der Autogarage, wo ich als Mechanikerlehrling Autos zusammenschraubte. Autos, die mit mir nicht das geringste zu tun hatten. Dort war ich ein Roboter, dem man einredete, dass das Leben sei, dass alle so arbeiten. Und dass nur deshalb die Welt sich drehe.

Wenn zu diesem Zeitpunkt jemand meine Seele gesucht hätte, er hätte ein Kilogramm Asbeststaub in meiner Lunge und Öl in meinen Adern gefunden. Mich hätte er nicht kennengelernt, denn »ich« existierte noch nicht. Mein Leben war eingestellt, von 7.30 Uhr bis 17.00 Uhr auf Auto reparieren.

Später, nach langen Jahren, bin ich noch automatisch den Weg in die Speyrer Straße zu Opel Pfotzer gelaufen, wenn ich gedankenverloren durch Heidelberg ging.

Wenn ich damals »Raum« sagte, dachte ich an Wohnzimmer, nicht an den blauen Himmel; wenn ich »Zeit« sagte, dachte ich an die Stechuhr; wenn ich »Entfernung« sagte, dachte ich an Auto und bei »Liebe« dachte ich nur an mich selbst. Ich war ein perfekt funktionierender Zwergenmensch, grau und klein. Bergsteigen wurde für mich so etwas wie eine andere Wirklichkeit, bedeutete kennenzulernen, dass es auch noch etwas anderes gibt als Arbeit, Akkord, Autos. Dann wurden mir die Berge zu Tempeln, in denen man sich verstecken konnte vor der Mitwelt. Ich fühlte mich ganz allein auf der Welt. Und Tausende von Gesetzen, Verordnungen und das »Muss« lauerten auf mich. Wie Wespen stachen alle auf mich ein, auf mich, der ich ganz wehrlos war und nicht mal wusste, wer ich war. Ich wollte in einem Raum leben, den die Menschen noch nicht geformt hatten. Wo niemand Macht über mich hatte. Ich wollte alle Berge besteigen.

Aber ich bin wieder zurückgekommen. Die Berge sind ohne Menschen menschenleer, unmenschlich. Manche Berge haben nicht mal einen Namen, riesengroße Steine; was haben die mit mir zu tun? Ich habe fünfzehn Jahre gebraucht, um das zu merken. Fünfzehn Jahre bin ich herumgeirrt über Schnee, Geröll, Moränen, Gletscher, Firngrate und Felsen. Außer ein paar Gedanken habe ich nichts gefunden.

Ich habe viele Bilder gesehen und später manche mit der Kamera festgehalten. Diese Aufnahmen sind das Einzige, was ich aus dieser Zeit vorzeigen kann; und ich besitze ein paar Erfahrungen, die ich trotz der Härte nicht missen möchte.

Wenn ich mich erinnere, wie ich war, so mit 16 Jahren, dann stelle ich fest, dass ich nicht mehr der Gleiche bin. Ein Würfel, der herumgestoßen wurde, bis er alle Kanten verlor durch die Schule, die Lehrzeit, das Arbeiten, die Universität mit all ihren beherrschenden Theorien – bis die geschliffene Kugel zerbarst: in Scherben, in zynische Trümmer ohne Kraft, ohne positiven Glauben. Früher glaubte ich, Naivität sei Schwäche, fast so etwas wie Dummheit. Doch das ist sie nicht; eher ein Filter, der den Schrecken der Welt nur so stark durchlässt, dass man es auch verkraftet. Für den Naiven ist die Welt schrecklich und schön zugleich, es wird immer wieder alles gut werden. Aber der Glaube, der dich ohne Angst und ganz und gar zuversichtlich über das Wasser des Lebens wandeln lässt, wird von Tragödien der Kindheit und danach zerstört: Schulzeugnisse, Liebeskummer, Minderwertigkeitskomplexe ... Tragödien, die ich schon fast vergessen hatte.

Beim Graben in meinen Erinnerungen finde ich Mädchen, die ich gerne gehabt hätte, die mich mit unsichtbaren Waffen gemordet haben: »Was ist das für ein komischer Kerl, der geht Bergsteigen, was will denn der? Der ist ja nicht richtig im Kopf!« Schöne Geschöpfe, die kalt und schnippisch mir ihre Verachtung zeigten, wenn sie meine schmutzigen Fingernägel sahen und meinen Automechanikergeruch erschnüffelten, denen meine Klimmzugfähigkeit überhaupt nicht imponierte. Die mich auslachten, wenn sie sahen, dass ich lachte und sie meine Zahnlücke entdeckten. Die nicht mit mir tanzen wollten, weil ich nicht auf dem Gymnasium war. Weil sie sich nicht mit mir unterhalten konnten, weil ich nur Lehrling war. Die mich mit Spott auspeitschten, weil ich sexuell unerfahren war, weil ich schüchtern war, weil ich dachte, dass ich ein Niemand sei. Die mich, als ich ihnen einen Liebesantrag machte, auf offener Straße zerschmetterten mit dem Wort »Nein«, direkt ins Herz, direkt von vorne, ganz cool. Das Leben war tödlicher als der Tod, ich verlor mich in den Bergen, um mich wieder neu zu finden. Alle Wunden sind wieder zugewachsen. Ich habe jeden Tod überlebt, doch das hat immer viel Blut gekostet.

Ich habe lange gebraucht, bis ich den dornenreichen Weg zu einer Frau geschafft habe. Das war mit Dorothea. Da hatte ich schon die Eiger-Nordwand durchklettert. Da war ich schon ein harter Bergsteiger, da war ich schon wer. Mein Ich habe ich mir in den Bergen geholt.

»Wenn du schon die Eiger-Nordwand durchklettert hast, dann solltest du doch auch unter diesen zwei Milliarden Frauen auf dieser Welt eine finden, die dich liebt und die du auch lieben könntest. Das müsste doch zu schaffen sein, jetzt, wo du sogar den Eiger geschafft hast. Du lebst wie ein Einsiedler und kletterst nur noch, bloß weil du Angst hast, wieder enttäuscht zu werden. Die Berge können dich nicht enttäuschen. Doch du bist allein mit deinen 1000 Bergen. Nur du kannst sie lieben, und was ist schon eine einseitige Liebe.«

Ich meine, es waren schöne Momente, das erste Mal richtig klettern, richtig mit Seil und Haken und Karabinern und jeder Menge Angst. Mit jedem Mal klettern wurde ich besser.
Was für eine Hoffnung das war. Jeder Sonnenuntergang machte mich stärker. Ich hatte mehr Mut oder sowas, als Ahnung vom Bergsteigen. Ich konnte eigentlich immer abstürzen. Ich liebte das prickelnde Gefühl von Angst und das »siehste, das kannst du auch.«
Wenn ich mich ins Seil einband und dann in der Pfalz eine Felswand hochturnte, da fühlte ich zum ersten Mal, dass ich wirklich bin: ich, der Reinhard, bin ganz stark.
Die Nähe des Todes machte das Leben verdammt intensiv. Da ahnt man angesichts der Möglichkeit, es nicht mehr zu haben, was man hat. Seltsamerweise hatte ich damals gar keine Angst. Entweder war ich zu dumm dazu, oder es war mir tatsächlich egal abzustürzen. Dann musste ich wenigstens keine Autos mehr reparieren, nicht mehr pünktlich sein. Es gäbe auch keine schmutzigen Hände und keine dumpfen Garagenkeller, keine Kunden, Meister, keine fremde Macht mehr über mir, kein frühes Aufstehen mehr, keine Pflichten, keine Anschisse: Das ewige Autoreparieren wäre der ewigen Ruhe gewichen. Komisch: Dann würde jemand anders die Autos reparieren. Wer wäre dann mein Ersatzmann? Dann müsste es also auch ohne mich gehen! Wenn es aber ohne mich geht, warum gehe ich dann nicht gleich? Doch um wegzugehen, muss man wissen, wohin man gehen will. Die Straßen führen in alle Richtungen. Ich war ängstlich und unschlüssig, wohin ich gehen sollte. Überall war das totale Neuland. Die ganze Welt war für mich ein einziger weißer Fleck. Der fing praktisch vor der Haustüre an. Wohin ich gehen könnte, was ich machen sollte – die Antwort darauf konnte ich nirgends finden. Wenn man gewohnt ist, ein Zuhau-

se zu haben, selbst wenn es nur Autoreparieren ist, fällt es schon schwer, das zu verlassen, nur mit dem unbestimmten Gefühl im Bauch, dass es vielleicht irgendwo anders besser ist. Irgendwie wird dann alles besser, zumindest anders. Man wird unmerklich älter und plötzlich vergisst man das Chaos, das Jugend heißt. Man sieht in die Zukunft und lebt in der Gegenwart, der einzigen Realität, die wirklich ist.

Hier auf der Klosterwand in der Pfalz, einem 50-Meter-Fels im Bärenbrunner Tal, wurde mir also zum ersten Male richtig bewusst, dass das alles schon sehr weit zurückliegt. Vielleicht brachte mich die Sonne drauf, die langsam im Westen zu dem Grün der Bäume abstieg und mit roten Strahlen den violetten Bundsandstein wie riesige Feuermelder färbte. Im Herbst sind auch die Blätter der Kastanienbäume rot, nur das Grün der Wiesen bleibt noch bis in den November, wenn schon alles sich dem Regengrau des Winters ergeben hat. Die Wiesen blinken jetzt wie Silber durch das Licht, das über den Mittelgebirgskuppen – Hügel einer großen Mutter – gebrochen wird. Nur die Hochspannungsleitung zerstört die Illusion der ungestörten Idylle einer Mittelgebirgslandschaft.
Unter der Woche, wenn ganz Deutschland in den Fabriken verschwunden ist, herrscht hier eine Stille, dass man glaubt, die Phon-Oase entdeckt zu haben. Einige Glückliche leben dort. Bauern auf ihrem Land.
Der Emil, Besitzer des ganzen Tales, jagt mit seinen 78 Jahren auf dem Fahrrad hinter den Kühen her, um sie abends von dem frischen Grün in die verdreckten Ställe zu treiben. Der Werner, jetzt der Wirt des Hofes, – »Gottes Segen und Bauernhand schaffen glücklich Vaterland« steht über der Eingangstüre – ist so was wie ein König. Jedenfalls für jemanden aus der Stadt, der nur die Schönheit der Landschaft sieht und nicht die Arbeit, die der König zu leisten hat. Ein König, der morgens mit dem ersten Hahnenschrei aufsteht und mit der Tagesschauspätausgabe ins Bett wankt.
Es gibt Landschaften, die sehen auf den ersten Blick großartig aus, einmalig. So großartig und einmalig, dass man auf die Dauer erschlagen wird. Die Schönheit der Pfalz ist nicht so aufdrängend. Die Landschaft erwirkt eher Liebe auf den zweiten

Blick, wenn es überhaupt so etwas gibt. Ein Schatzkästchen, in dem man Harmonie und Zufriedenheit finden kann, wenn man nur genau hinschaut und offen ist.
Im Frühjahr sind die Wiesen millionenfach übersät mit dem starken Gelb des Löwenzahns. Später im Jahr, wenn sich das schönste Unkraut zu farblosen Pusteblumen verwandelt hat, kommt dann der Sommerwind, der den Samen über die Felder bläst und Wärme und ein starkes Lebensgefühl erzeugt, auf das man bis in kalte, graue Dezembertage zurückgreifen kann. Dann ist der Frühling, nach dem sich hier alle so stark gesehnt haben, schon vorbei, vergangen wie ein tiefer Atemzug.
Die einzige Straße, knapp zwei Autos breit, verbindet diese Zeit-Oase mit dem Stress und der Hektik des übrigen Deutschland. Vom Gipfel der Klosterwand aus gesehen erscheint über den Bäumen des kreisförmigen Talschlusses der Nonnenfels, der Schandarie, der Honigfels, und direkt gegenüber steht der bemooste Sternfels. Bäume verdecken seine wahre Größe.
Felsen. Die für den Einheimischen dastehen ohne jeden Sinn, die eine Bedeutung haben wie ein Baum im Wald. Nur viel größer sind sie. Felsen zum Anschauen für Wanderer, Felsen wie große Pilze, die durch das humide Klima dahin verwittern, die von Moos und anderen Pflanzen aufgefressen werden. Felsen, die nichts sind im Vergleich zu den Alpen und die doch fast so viele Erlebnisse vermitteln können.
Die Vorzüge dieser Zwergenberge liegen im Detail. In den Rissen, die die Wände durchteilen, in den Verwitterungswaben, welche die auf den ersten Blick glatt aussehenden Wände zu interessanten Kletteraufgaben verändern können, in Überhängen und Dächern, die die Reste des Buntsandsteinzeitalters zu einem Abenteuerspielplatz für Stadtmenschen machen: die den Lebensgrund für Eidechsen und Eulen am Wochenende

in einen senkrechten Hochleistungssportplatz verwandeln. Für mich sind das die Felsen des Glücks. Die Zeit, die ich an den Felsen verbracht habe, war eine schöne Zeit; ein schönes, intensives Leben. Ich weiß nicht, woran es gelegen hat, an meinen Freunden, an mir oder an den Felsen selbst.
Ich glaube, die Felsen beinhalten ein Geheimnis, von dem manche Menschen stark angezogen werden: das sie zwingt, hochklettern zu müssen, und wenn sie dann da hochklettern, macht, dass sie glücklich sind.
Das Klettern ist hier für mich eine körperlich-geistige Auseinandersetzung mit einer Landschaft, die mich so geprägt hat, dass sie ein Teil meines Ichs geworden ist. Das hier ist meine Heimat. Hier fühle ich, dass ich hergehöre. Hier findet meine Seele ihr ich. Wenn ich hier oben auf der Klosterwand stehe, fühle ich ganz intensiv, das hier ist mein Land, mein Leben, dass ich immer wieder hierher zurückkommen werde. Immer wenn ich da oben auf dem Baum durchsetzten Gipfel stehe, das Seil aufnehme, die Karabiner und die Klemmkeile sortiere oder den Seilzweiten nachsichere, muss ich daran denken, wie ich zum ersten Mal unter der roten Wand stand und hochschaute.
Damals war das eine große Wand und ich musste diese Wand klettern. Die Wand stand zwischen mir und meinem Weiterleben.
Damals hatte ich noch keinen Blick für Details, der die 50 Meter Wand in Griffe und Tritte aufteilte, der analysierte, wie weit der schwierigste Kletterzug von dem nächsten Haken entfernt ist. Damals war das ein furchterregender Berg, den ich bezwingen musste, weil ich ja ein richtiger Bergsteiger werden wollte. Als ich dann da oben stand, hatte ich das Gefühl, ein ganzer Kerl zu sein. Was um mich herum war, habe ich nicht gesehen. Nicht die Wiesen und Felder, nicht den Himmel und nicht den ver-

wurzelten Boden mit den aufstrebenden Bäumen – damals der Abgrund. Was brauchte ich Wiesen und Wälder, wo ich doch ein richtiger Bergsteiger werden wollte, und richtige Berge bestehen doch aus Eis und Fels, Schutt und Geröll. Jetzt bemerke ich dort oben nur die Rostflecken meines Gedächtnisses.

Dann erschrecke ich darüber, dass ich doch nicht von hier weggekommen bin, weil ich immer wieder hierher zurückkehrte. Weil es hier am schönsten ist. Oder besser, weil ich nichts Schöneres gefunden habe.
Wenn es dort regnet, wenn das Wasser dort in Bindfäden über die Wiesen prasselt, die Bäume durchkämmt und über die Felsplatten rauscht, manchmal bin ich dann draußen und lasse mich nass regnen. Ich empfinde den beißenden Schmerz über die verlorene Jugend, den Schock, nicht mehr so stark zu sein wie früher: der unbeschwerte Glaube, dass alles besser wird, dass du immer stärker wirst, die vollkommene Illusion, dass du noch unendlich viel Zeit vor dir hast, dass du noch alles machen kannst, was du willst, wenn du nur willst, das alles wird weggespült; fließt in rauschenden Bächen zu einer dreckigen Pfütze zusammen, die, nachdem der Regen aufgehört hat, vertrocknet wie deine Hoffnungen. Die Hoffnungen, die dich überhaupt am Leben gehalten haben, wenn es dir dreckig ging, die sind einem trostlosen »Mir-geht-es-doch-ganz-gut-Realismus« gewichen. Ich hatte mich damals in die Berge verloren.
Heute erscheint es mir, als hätte ich mich die ganze Zeit mit geschlossenen Augen gedreht. Ich bin immer noch, wieder da. Ich wollte mich woanders finden. Aber jedes mal, wenn ich woanders war, habe ich mich wieder nach Hause gesehnt. Es war wie bei Robinson Crusoe: Ich wollte eine einsame Insel finden, auf der das Glück wächst. Ich bin von mir weggelaufen zu den Alpengipfeln, zu den großen Wänden des EI Capitan, zu der Grabeskälte des Mt. Everest oder zum Fitz Roy.
Ich habe weder das absolute Glück noch das relative Glück gefunden. Ich bin eigentlich nur vor mir selbst weggelaufen, vor meinen Schwächen, die mir damals wie Stärken erschienen. Wie auch sollte ich das Glück finden im Karakoum, einem

geschlechtslosen Gebirge, fast so tot wie eine Mondlandschaft: Nur Berge mit Schnee bedeckt, Eis und Schnee wie hingekotzt, dünne Luft, die dir die Sinne raubt; Gletscher wie weiße Kloaken, zyklopenhafte Ströme, kilometerlang, die Unendlichkeit der Leere.

Ich bin immer wieder hierher zurückgekommen, hierher in die kleine Pfalz. Ich bin immer groß weggegangen und wieder klein zurückgekommen. Ich habe den anderen immer erzählt, wie großartig es woanders ist und verschwiegen, dass es nirgendwo besser ist.
Mit den grauen Haaren wachsen Antennen, die nehmen alles auf, was mal früher war, selbst die leiseste Erinnerung, die mal an einem Felsen hängengeblieben ist. Ich werde nie wieder so sein wie ich einmal früher war, so positiv eingestellt, so leichtgläubig dem Leben gegenüber, so vollkommen ich mit nur einer Seele. Ich gehe die Szenen immer wieder durch, während ich auf dem Felsen sitze und Luftlöcher in die Landschaft starre.
Ich gehe vom Wachsein hinüber in den Traum, mit dessen Hilfe alles nochmal erlebbar wird, was einmal war. Mit einem schlechten Geschmack im Mund, denn das war einmal ich. Der Traum erweckt den Schmerz über das verloren gegangene Sein. Wenn man über Dreißig ist, blickt man zum ersten Mal zurück. Ja, man stolpert fast über einen großen Stein, der plötzlich am Wege liegt. Auf den zu sehen man gar nicht eingerichtet war, weil bis dahin alle Wege immer frei waren. Nach dem Hinfallen schaut man sich den Stolperstein einmal genauer an. Alles sieht aus wie du, nur viel jünger. Es ist die Vergangenheit, es ist etwas von dir, das, was du einmal warst, was du nicht mehr bist. Plötzlich hast du nicht mehr unbegrenzt Zeit, kannst nicht auf etwas warten, was noch nicht einmal ein Traum ist.
Doch manchmal bin ich noch so wie früher, mit Freunden, beim Klettern, beim Erzählen, beim Bier trinken – große Buben, die nur wie Erwachsene aussehen. Von der Maske des Erwachsenseins kommen wir nicht mehr los, das hängt fest wie eingraviert, doch sonst sind wir dann noch wie früher. Nur die Merkwürdigkeiten von uns haben sich verstärkt, aber die ver-

lorenen Träume sind in dem verschwommenen Alkoholnebel wieder deutlich da. Doch dann kommt die Frau Karl oder die Frau Lischer oder Frau was weiß ich, und auf einmal sind wir nicht mehr die Buben. Da sind die Verpflichtungen, der Beruf, das Geld, die Kinder. Du hast keine Zeit mehr, das ist nicht mehr deine Zeit, von deiner Zeit bekommst du nur noch einen Teil, genauso ist es mit dem Geld. Du gehörst dir nicht mehr. Und doch hast du nicht mehr die Kraft wegzulaufen. Du weißt auch, dass du ohne Frau verloren wärst, zumindest in dieser Gesellschaft. Die Zeit, da du alle Berge freudenlos besessen hast, war nicht der Reichtum, das war armselig. Deine Träume leben weiter, doch du glaubst ihnen nicht mehr. Am Wochenende lebst du das Leben des Kletterers, ein Leben von vielen Leben. Ein Tausendfüßler mit tausend schwachen Leben.
Oben auf der Klosterwand, wenn die Sonne untergeht, sehe ich immer die Szenen, wie ich andere Gipfel bestiegen habe: den El Cap, die Dru, den Eiger, den Mt. Everest. Die habe ich immer mit Freunden bestiegen. Zu dem Zeitpunkt waren das meine besten Freunde.
Die meisten Freunde habe ich verloren. Die meisten klettern schon lange nicht mehr. Ich weiß auch nicht, was die machen. Solche Trennungen gehen unendlich langsam vor sich. Fast unbemerkt verliert man sich aus den Augen. Andere Freundschaften werden geboren. Wie zwei Kreise, die sich gegenseitig tangieren: Man geht eine Strecke gemeinsam, dann werden die Berührungspunkte durch undurchschaubare andere Kreisbahnen auseinandergerissen.
Eigentlich habe ich alle meine richtigen Freunde verloren mit dem Ereignis, dass ich meine erste Freundin hatte – dem wichtigsten Ereignis für jeden einsamen Jugendlichen. Eine emotionale Atombombe, die alles mit einem Schlag veränderte.

Bis dahin war der Kletterpartner fast so etwas wie deine Ehefrau. Der war ein Teil von dir. Den hast du fast geliebt. Der war die wichtigste Person in deinem Leben. Mit dem hast du alles geteilt: Hoffnungen, Enttäuschungen, alle Misserfolge. Zu zweit konntest du alle Durststrecken durchstehen. Du warst nicht mehr allein, und deshalb war alles halb so schwer.
Mit der ersten festen Freundin ist dann alles anders geworden. Da war dein Freund nur noch Kletterpartner, da war er dann nur noch ein Freund. Was da sonst noch alles daran gehangen hat an Emotionen und Wünschen, betraf dann automatisch die Freundin. Am Anfang dachte ich ja, mit der Erfüllung von Liebe ist es dann aus mit den Bergen, das brauchst du dann nicht mehr, das ist dann nebensächlich geworden. Klettern ist nur etwas zum Kompensieren. Das war aber nicht so! Die Berge und was daran hing waren ein Block, der blieb unverkleinert stehen. Da fing die Aufteilung meines Ichs an: Das Berge-Ich, das Frau-Ich, das Stadt-Ich, das Universitäts-Ich – und wie viele verschiedene Leben, die gar nicht mit einem selbst zu tun haben, man einnehmen muss. Vorher war ich eine kleine Person, aber allumfassend. Jetzt bin ich größer, doch meine einzelnen Ichs sind durch dünne Häute getrennt. Das wird nie wieder zusammenwachsen, das sind jetzt einzelne, ganz verschiedene Reinhards.
Was sind die Berge für mich heute? Ich wollte alle Berge auf dieser Welt besteigen, das habe ich nicht geschafft, das werde ich nie schaffen. Trotzdem gehe ich noch immer zu den Bergen, ich habe noch keinen Ersatz dafür gefunden. Wenn ich klettere, fühle ich immer noch am intensivsten, dass ich bin. Die Berge scheinen unzählige Türen zu haben. Wenn man eine Tür öffnet, steht man vor unzähligen weiteren. Es ist unmöglich, alle Türen zu öffnen. Doch hinter jeder Türe vermutet man etwas Neues. Früher dachte ich, wenn du diesen Berg bestiegen hast, das muss

das Höchste, das Größte sein, da oben auf deinem Traumberg zu sein, das Bergglück. Bei dieser immer länger dauernden Suche habe ich immer nur den Endpunkt im Auge behalten. Ich habe nicht nach rechts und nach links zurückgeschaut. Das war die Jagd nach den schwierigsten Kletterrouten und nach den höchsten Bergen. Danach gab ich's auf. Das, was ich suchte, war so unantastbar wie ein Regenbogen.
Eine Woche nach meinem Altersanfall bin ich wieder auf der Klosterwand. Ich bin die senkrechte Wand viel besser geklettert als früher. Ohne Angst, mit Spaß am Klettern, an dem Herumturnen am Fels. Mir kommt der Gedanke, dass Paradiese nicht weit entfernt sein müssen, dass sie vor der Haustür beginnen können, dass ich nur offen sein muss für Paradiese.
Die Frage, ob ich gerne noch einmal jünger wäre, oder, wenn ich nochmal die Wahl hätte, es anders machen würde, stellt sich nicht. Als Ausgleich für die Jugend bekommt man Erfahrung. Zum ersten Mal denkt man in einer weiteren Dimension: der Vergangenheit. Je mehr man erlebt hat, desto mehr ist man. Man ist nicht mehr Wüstensand, der von jeder Emotion weggeblasen werden kann. Man ist ein Stein geworden, ein Rolling Stone. Der unaufhaltsam seine Bahn zieht und der fest daliegt, wenn er zur Ruhe gekommen ist.

Reinhard Karl konnte wie kein anderer das Gefühl der neuen Klettergeneration zum Ausdruck bringen. In kraftvollen ehrlichen Worten genauso wie in seinen Photos. Sein 1980 erschienenes Buch »Zeit zum Atmen« entwickelte sich schnell zu einer Art Kultbuch und erhielt 1982 den Bergbuchpreis des DAV. »Berge auf Kodachrome« und »Yosemite« folgten.
1993 wurde das lange Zeit vergriffene Erstlingswerk vom Deutschen Alpenverein in der Reihe »Alpine Klassiker« neu herausgegeben (Verlag J.Berg, München). Die von Elmar Landes sorgfältig und liebevoll bearbeitete Neuauflage gehört in jede Sammlung alpinistischer Literatur (aktuelle Auflage bei Bruckmann).
Sehr empfehlenswert sind auch die beiden von Tom Dauer herausgegebenen Bände »Reinhard Karl – Ein Leben ohne Wenn und Aber« und »Reinhard Karl – Das neue Bild der Berge« (beide AS Verlag).

Die wasserdichte Lüge

Die Wahrheit über den »Central Pillar of Frenzy«

von John Long

Die folgende Geschichte bringe ich nur zögernd zu Papier. Erstens findet mit ihr ein klassischer Betrug seine Aufklärung; er war so säuberlich und perfekt angelegt, dass der Zufall mir nie wieder die Gelegenheit geben wird, unenträtselbare Einzelfaktoren auf eine solch raffinierte Weise zu kombinieren. Zum zweiten werde ich zum Rufmord gezwungen sein – an mir selbst – was mich allerdings wenig berührt, da ich das Geraune problemlos aushalte. Mein Lügengebäude ist bis heute nicht ins Wackeln gekommen und wäre zweifellos auch noch weiter intakt geblieben. Mit erscheint es jedoch ungut, auch noch zum zweiten Mal die stillschweigende Anerkennung für einen dubiosen Ausrutscher zu kassieren.

Im Herbst '73 zeigte mir Jim Bridwell[1] eine Liste neuer Kletterrouten, die er sich für die kommenden Jahre vorgenommen hatte. Eine dieser Linien folgte dem kühnen Bleistiftstrich auf einem zerknitterten Schwarzweißfoto des Middle Cathedral Rock, der schon damals mein Lieblingsfelsen im Valley war. Das Projekt sah eindrucksvoll genug aus: schnurgerade durch Risse, schwach ausgeprägte Verschneidungen, über offene Wandstellen und ein Dach, bestimmt auch mit Schlingenständen. Die Länge der Route – zwölf Seillängen waren vorgesehen – machte den Plan noch abenteuerlicher.

In seinem typischen Militärstil führte »Commander Bridwell« eine Einheit von Dienstpflichtigen aus dem Camp IV in einem kühnen Vorstoß bis auf 900 Fuß Wandhöhe. Hier erzwangen die mangelnde Durchsetzungskraft der sich verwindenden Messerhaken und grifflose Granitplatten einen alternativen Ausstieg.

---

1 Eine der lebenden Kletterlegenden Amerikas, die nicht nur im Yosemite Valley markante Zeichen setzte. Sein vielleicht haarsträubendstes Abenteuer, den »Dance of the Woo-Li-Masters« an der Mooses-Tooth-Ostwand in Alaska, findet man in der Anthologie »Kopf in der Wand«.

Im Frühling des folgenden Jahres war die neue Führe vollendet: der »Central Pillar of Frenzy«, IV, 5.10. Nicht weniger als zehn Kletterer hatten bei der endgültigen Begehung ihre Hände im Spiel gehabt. Etwas verstimmt über meinen Ausschluss wählte ich die zweitbeste Möglichkeit: eine frühe Wiederholung, was damals gerade in Mode gekommen war. Der »Central Pillar of Frenzy« erwies sich im Jahr 1974 als die Route, die zählte.

Als Jim Orey und ich unter der letzten Seillänge angelangt waren, machten wir uns darüber lustig, dass der erwähnte »Alternativausstieg« dort hinausquerte, wo die echten Schwierigkeiten begannen. Die sich verwindenden Messerhaken und der grifflose Granit amüsierten uns allerdings weniger.

Vorhang auf für Tobin Sorensen und Gib Lewis. Tobin gehört zu der Sorte, die zu Feigheitsquergängen nur unter der Androhung von Schusswaffengebrauch bereit sind.

Gib, damals der leistungsfähigere Wandkletterer, schlich sich über die grifflose Seillänge hinauf. Sein Vorstieg kam jedoch unter einem seichten, mit Vegetation gefüllten Riss ins Stocken. Die Wand über ihm (300 Fuß) sah zwar kletterbar aus, um aber die nächsten 40 Fuß von der grünen Kraft zu befreien, wäre eine Motorsense notwendig gewesen.

Tobin, der nie abseilt, prügelte sich hakentechnisch durch und erreichte unter einigen Schwierigkeiten die U-förmige Wandeinbuchtung auf 1200 Fuß Wandhöhe. Die Linie war durchgezogen: V, 5.10, Al.

Wir sollten aber niemals vergessen, dass der »Central Pillar of Frenzy« eine Bridwell-Route ist, eine geweihte, makellose Schöpfung. Schon der Gedanke, an etwas derart Heiligem herumkorrigieren zu wollen, kommt der Dreistigkeit gleich, an einem Goya herumzukritzeln.

Bridwell blieb gelassen und fasste den Entschluss, den Lewis/Sorensen-Ausstieg in Ordnung zu bringen. Bald saßen wir zur Lagebesprechung auf den El Cap Meadows und begutachteten die Route. Langsam nahm Bridwell das Fernglas von seinen Augen, den berechnenden Blick noch immer auf den grüngefärbten Bereich auf 950 Fuß Wandhöhe gerichtet. Ein letzter Lungenzug, dann trat er die Kippe in den Dreck.

»Im Verschneidungsgrund muss ein Riss versteckt sein. Den putzen wir aus ... ein paar Piazzüge, und wir kommen frei durch.« Er prustete einen schrägen Rauchstrahl durch seinen Schnurrbart. Bill Westbay, Bridwell und ich[2] machten uns

---

2 Ein bemerkenswertes Trio, dem unter anderem auch die erste Begehung der »Nose« am El Capitan an einem Tag glückte.

daran, die Beute mit Genuss aufzubringen. Im Schlingenstand hängend, sahen wir uns vor der grifflosen Seillänge. Bill flashte sie mühelos und bald waren wir dabei, die grasige Rissspur zu beäugen. Bridwell zufolge würde ich versuchen, sie ungeputzt freizuklettern. Falls ich scheitern sollte, würde Bridwell sie mit einem Eishammer ausräumen. Mit einer Serie von höllischen Wandmoves erreichte ich den Grasriss.

»Unmöglich!« Total entnervt drosch ich auf einen Z-Haken ein, der widerstandslos eindrang wie ein Zaunpfahl in fruchtbaren Humus.

»Hört sich reichlich fragwürdig an«, warnte Bridwell. Mein Fuß zitterte, während die Finger langsam aus den spärlichen Griffen herausglitschen. Ich beschloss, mich am Haken festzuhalten, ehe ich endgültig abschmierte: Er schoss geradewegs heraus und ließ mich in einem eindrucksvollen Bogen über die Wand hinunterplumpsen, während das Seil einen purpurnen Graben in Billy's rechten Oberschenkel fräste. Bridwell pendelte zurück in unseren Schlingenstand, sein Gesicht bedeckt mit Ruß. »Jetzt ist er sauber, der Riss! Bis zum Ende gute Klemmer, dann ein interessanter Wandmove, und wir haben es geschafft!«

Billy verlagerte sein Gewicht im Sitztuch, das Scheuern des straffen Nylons an seiner Verbrennung schien ihn zu stören. Bridwell steckte sich noch eine Camel an, während ich mich psychisch aufbaute für die Wandmoves. Mit der Kippe zwischen den Zähnen, deutete Bridwell nach links hinunter, wo zentimeterbreite Tritte mir erlaubten, zu der Rissspur hinüberzuwandern.

»Blöder Hund!«, murmelte Bridwell.

Jene »guten Klemmer« hielten gerade noch, und die Rissspur bot keine Kante für die Schuhsohlen, so dass ich am Ende des Risses schon dicke Arme hatte. Der »prekäre Zug« erwies sich

als zu prekär – von einem Fingerspitzenklemmer hing ich auf Gegendruck und tastete nach irgendeinem Buckel oder einer Delle. »Pass auf!«
Auch ein zweiter Anlauf blieb erfolglos ... »Nichts! Vorsicht! Ich flieg!«
»Schnapp nach der Rebe!«, brüllte Bridwell. Ich war am Ende der Rissspur, aber gut zwei Meter trennten mich von einem perfekten Handriss, der hinaufzog ins leichtere Gelände.

Die angesprochene Rebe hing von einem dubiosem Stumpf, der vom Anfang des Handrisses heruntergrüßte.

Im Durchmesser wie ein Bleistift und vielleicht sechzig Zentimeter entfernt, schien die Liane nicht unbedingt der Haltepunkt zu sein, den man anspringen wollte. Aber, zum Teufel, warum eigentlich nicht, mit dem Haken am Fuß? »Pass auf!«

Ich schnellte nach rechts empor, ergriff die krumme Wurzel, die alle möglichen Reißgeräusche von sich gab, während sie, ihre Länge verdoppelnd, mein Gewicht aufnahm. Ich griff kräftig zu und zog mich rasch empor. Nach einer Körperlänge ergriff ich den Stumpf, der sich erstaunlich stabil anfühlte. Ich fing an, mich daran durchzustützen, aber entschied mich anders. Die Gelegenheit zu einem makellosen Betrug war mir in den Sinn gekommen: Ich beugte mich hinunter und riss die entscheidenden letzten zehn Zentimeter der Liane ab. Sicher würde jetzt nur noch ein Rübezahl den Riss erreichen können, und nur Jesus Christus selbst würde in der Lage sein, die Wandkletterstelle ohne Hilfe der Rebe durchzudrücken. Der Handriss war phantastisch – leichte 5.10, genau wie die Wand darüber. Alle drei lachten wir: V, 5.11.

1978

Ich lungerte im Yosemite-Lodge herum, als ein englischer Freund hereinmarschiert kam mit einem tatendurstigen Nachwuchsstar an seiner Seite. Der Middle Cathedral hatte es ihm angetan, und er hatte dort bereits viele der besten Routen geklettert. Er war scharf auf Insider-Information zum »Central Pillar of Frenzy«, der immer noch in seiner Gesamtheit unwiederholt war. Er hielt das Tapa in seiner Hand.

»Ein echtes Juwel!«, begann ich und zeigte auf die unmögliche Seillänge. »Hier ist die Schlüsselstelle. Auf eine Serie von

5.8er-Piazzügen folgt hier ein grimmiger Reibungsmove, dann ein kurzer Hechtsprung nach einem Baumstumpf. Der Rest ist gemütlich. Gute Route, Mann – viel Spaß!«
»Werde ich haben!«, erwiderte er knapp und malte sich dabei zweifellos einen trivialen Aufrichter auf einem Briefkastengriff aus.
Einige Tage vergingen und wieder kreuzte sich mein Weg mit dem des Jungen. Er sprach in einem ernsthaften Ton und seine Aufmüpfigkeit war in Beleidigung umgekippt. »Dass wir deinen »Central Pillar« ausgecheckt haben, weißt du, oder?«
»Nein«, antwortete ich, »Supertour, nicht wahr?«
Er schien verärgert. »Nun, bis zu dem sogenannten Reibungsmove sind wir gekommen, aber keine Chance. Ich bin der Meinung, dass niemand auf dieser Welt diesen Kletterzug bringen kann. Tatsache ist, dass es dort überhaupt keinen Kletterzug gibt.«
Obwohl ich erfahrener war als er, hatte er genug Ahnung, um zu wissen, dass niemand über eine grifflose Wandstelle hinaufsteigt. Die Hände an den Hüften, die Fußspitze klopfte einen herausfordernden Takt, erwartete er ungehalten eine Erklärung. Wäre da nicht der Haken gewesen, den ich nach dem Wurzel-Manöver angebracht hatte, hätte er mich geradeheraus einen Lügner genannt.
»Du musst ganz schön oft heruntergeflogen sein, bis du es schließlich geschafft hast«, brummte er, sich damit abfindend, das Unglaubliche für wahr halten zu müssen.
»Eigentlich habe ich Glück gehabt: Schon beim ersten Versuch hat es geklappt.«
Sein Gesicht lief rot an. Das letzte Info-Detail hatte ihn schmerzlich getroffen. Ich dachte, er würde in Tränen ausbrechen – oder mir eine zünden. Wenn er nicht so ätzend gewesen wäre, hätte

ich ihm von der Rebenkomödie erzählt, aber sein aufgeblasenes Ichbewusstsein hatte ihn derartig im Griff, dass ich mich nicht zurückhalten konnte, auf ihm zu spielen wie auf einer Orgel. »Schau her«, beruhigte ich ihn, »dir liegen eben die Spezialtechniken nicht, die wir hier entwickelt haben. Die Route ist nicht mehr als 5.11a[3], und ich bin sicher, dass du hier schon schwerere Routen gemacht hast oder zumindest zu Hause (er hatte überall schon 5.12er[4] gemacht). Vielleicht würde es Dir gut tun, einige Tage am Apron zu verbringen. Dann kannst du ja wieder hochtoben zu einem zweiten Versuch.«
Ich lächelte wie ein Dieb. Der Junge sah aus, als ob sein Kopf jeden Augenblick implodieren würde. Er schleuderte mir einen Blick zu, der keinen Zweifel daran ließ, dass er gerne auf meine guten Ratschläge verzichten würde und so oder so alles klettern könnte, was ich hinaufkam. Bitte verschone mich, lachte ich zu mir selbst. Angetrieben von diesem Zorn wäre er womöglich in der Lage, die grifflose Wandstelle zu klettern – was mir den Ruhm eingebracht hätte, sturzfrei die erste 5.14[5] am Middle Cathedral Rock geklettert zu sein. Was auch immer geschah – verlieren konnte ich nicht.

1982
Ich strampelte durch die letzten Meter des Kamins und wälzte mich auf die ebene Gipfelfläche des Rixons Pinnacle.
Und da stand er, der Junge; aber er war erwachsen geworden; seine Arroganz hatte sich gemildert zu einem umgänglichen Selbstbewusstsein.

---

3 Entspricht etwa dem UIAA-Schwierigkeitsgrad 8-

4 Entspricht grob dem 9. Grad nach UIAA.

5 Das hat dann schon etwas mit UIAA-11 zu tun, und hätte 1978 eine echte Klettersensation dargestellt.

»Hallo, Long!« Er kam herübermarschiert, mit ausgestreckter Hand, ein Lächeln übers ganze Gesicht. Seine freundliche Offenheit traf mich unvorbereitet und mein Geist schreckte vor der Bloßstellung zurück, die unmittelbar bevorstand.
»Erinnerst du dich an den »Central Pillar?«, lachte er.
»Yeah«, sagte ich und wickelte eine Schlinge um den Stamm einer suspekten Manzanita.
»Letzte Woche war ich wieder droben, und rate mal was? (Er wartete meine Antwort nicht ab). Erinnerst du dich an den grimmigen Reibungsmove hinauf zum Baumstumpf? Inzwischen war aus dem Stumpf eine Rebe herausgewachsen, und mit einem kleinen Dynamicmove kann man das Ding anspringen und sich daran hinaufhangeln wie an einem Geländerseil. Den Schmiermove kann man sich schenken.«
»Ich denk' ich spinn«, entgegnete ich ungläubig.
»Das ist doch nicht alles«, fuhr er fort, »mein Kumpel ist ein echt übles Schlitzohr und als er im Nachstieg das Ding sah, hat er diesen verrückten Einfall gehabt. Rate mal was? Ich habe versucht, ihn davon abzubringen. Aber ohne Erfolg. Diese üble Figur hat den ganzen verdammten Baumstumpf mitsamt der Liane einfach abgetreten. Die Wurzeln haben es wahrscheinlich überlebt, aber, verdammte Scheiße, es wird eine ganze Weile dauern, eh' dort droben wieder jemand an einer Liane baumelt. Ich glaube, dass wir bis gut in das nächste Jahrhundert hinein warten müssen, bis wieder jemand den »Central Pillar« wiederholt.« Er lachte in einem dröhnenden Basso profunda.
Ich begann, eine Erwiderung zusammenzubasteln, aber eine zweite Stimme brüllte aus dem Kamin heraus: »Was ist eigentlich mit dir los, du Vollidiot – werde ich hier eigentlich gesichert oder nicht?!«

Der Rattenfänger

Und das Kletter-Drehrad dreht sich, und dreht sich, ...

von Andreas Kubin

Über ein Jahrzehnt lang war er ein ganz normaler Bergsteiger gewesen; die Wochenenden gehörten seiner Passion, und wochentags, wenn er die Schulbank drückte, da waren seine Gedanken viel öfter als erlaubt und sich geziemt beim Klettern. Wen wundert's also, dass nichts wurde aus einer gutbürgerlichen Karriere, samt Berufsausbildung und was so dazu gehört ...

Doch eines Tages stellte er fest, dass es da ein Instrumentarium der Worte gab, welches er beherrschte, zumindest soweit, dass er Melodien darauf spielen konnte, Melodien, die zu gefallen wussten. Und er begann zu spielen, auf der Tastatur des Alphabets. Er schrieb sich seine Passion, seine Begeisterung von der Seele, sonst wäre er explodiert, der ungeheure Druck seiner Leidenschaft suchte nach einem Ventil.

Anfangs waren es nur Etüden, kleine Übungsstückchen, die er der Schreibmaschine entlocken konnte. Doch er lernte schnell die Harmonielehre des Rattenfängerliedes, mit dem er die Klettergebiete besang, in hohen und tiefen Tönen, er schrieb von transsylvanischen Wäldern, von verdonesken Felsstrukturen, von »ehrlichen« Granitrissen und von den Schachproblemen des Kalksteins ...

Und die Leser waren entzückt: Durch den Rotpunkt wurde ein brachliegender Acker entdeckt und bestellt, und nun kam einer und beschrieb diese Felder und ihre süßen Früchte. Die Töne, die er anschlug, hatten genau den Klang, auf den die Leser warteten – leicht verdauliche Kost, nachvollziehbar allemal, eingängig zudem und attraktiv! Wer ist denn nicht begierig danach, neue Ziele zu finden, Traumländer, die in pastellenen Tönen gezeichnet werden?

Und das Rattenfängerlied vibrierte in der Szene: In Scharen kamen sie und bevölkerten die neuen Klettergebiete, Epigonen der Conquistadores, immer den Tönen des Liedes nachpilgernd,

dorthin, wo man gerade sein musste, um mitreden zu können. Je lautere Töne er anschlug, umso größer wurden die Scharen, die dem Rattenfängerlied folgten. Und es lag im Charakter der Dinge, dass die Heuschreckenschwärme tiefe Wunden in die Landschaft schlugen; sogar Kletterverbote waren die indirekte Folge des Rattenfängerliedes. Doch er blies unbeirrt weiter auf seiner Flöte, die Schreibmaschinentypen spielten ein Stakkato nach dem anderen, und die Zuhörerschaft wurde immer größer. Allmählich wurde ihm das Lied Routine; aus einem Musiker wurde ein Musikant. Denn bald spielte er sein Instrument nicht mehr, um sich den ungeheuren Druck der Begeisterung von der Seele zu schreiben, sondern nur noch, weil die Leute das Lied hören wollten. Er gefiel sich immer mehr in seiner Rolle, kostete den Beifall der Zuhörer aus, und es bereitete ihm Genugtuung, wenn er die Leute über seine Lieder sprechen hörte. Nicht mehr die Passion ließ ihn schreiben, sondern die Eitelkeit. Verliebt in seine eigene Verspieltheit wählte er Töne, um zu gefallen.

Und es blieb nicht aus, dass er hin und wieder vor sich selbst erschrak, vor seiner verspielten Eitelkeit. In kurzzeitiger Sprachlosigkeit spiegelte sich dieses Erschrecken wider, so dass ihm die Worte in den Fingern steckenblieben und den Dienst verweigerten, erneut die altbekannten Töne anzuschlagen. Manchmal dauerten die Phasen dieser erschrockenen Sprachlosigkeit Tage, manchmal Wochen oder Monate. Aber immer, wenn es darauf ankam, wenn er spielen musste auf seinem Tasteninstrument, fand er schließlich doch zurück zu den Tönen, die das Publikum von ihm erwartete.

Aus siebenundzwanzig Buchstaben besteht das Alphabet; aus diesen ein sinnvolles Nacheinander von Worten zu formen, wurde zum Martyrium. Es wollte einfach nicht gelingen, eine Melodie zu bilden; nur noch Wortfetzen, Bildfetzen waren zu

erkennen. Irrlichter aus Stein-Erlebnissen tanzten vor seinen Augen. Der Zerrspiegel seiner Sprachlosigkeit zerformte jene Tage aus Schüsselkar-Neuland in zahllose Bruchstücke, Stereotypen – rauer, wasserzerfressener Fels, blitzende Bohrhakenlaschen in der schrägstehenden Sonne, Tanz in der Vertikalen – bereits viele Male Geschriebenes, Gelesenes. Der Musikant verzweifelt an der Akkord-Monotonie seiner Wort-Bilder ...
Ist es überhaupt noch spielbar, dieses Lied von den neuen Klettergebieten, wohin die Scharen – kaum haben sie es vernommen – strömen werden? Ist sie programmiert, diese Disharmonie der Bilder und Worte, durch den Ausverkauf der »weißen Flecken« im Felsland? Oder ist die Melodie gar bereits zum »Gassenhauer« geworden? Sinn-Entleerung angesichts unbeantworteter Fragen vielleicht ...
Und der Musikant steht ratlos vor seiner Sprachlosigkeit, und er hofft auf ein neues Lied mit einem neuen Sinn, den er den Tasten seines Instruments entlocken kann ... Doch das alte Lied hat sein Echo – das Echo ist ein Naturgesetz: In den Blatt-Wäldern der alpinen Journaille, zwischen den Häuserwällen von Frankfurt, Hamburg und Berlin hallen die flötigen Töne wider: Das Rattenfänger-Lied hat sich verselbständigt. Ratten haben Ohren und reagieren auf Umweltreize: Hinein in die bunthosige Uniform der nonkonformistischen Kletter-Internationale. Die Reihen fest geschlossen, marschiert der Rattenstrom nach Süden, wohin die süßen Töne locken, oder nach Westen, oder nach Osten. Ratten denken nicht – zu viel verlangt! Sie rennen atemlos in ihrem Drehrad und kommen nicht von der Stelle ... Die Rattenmannschaft trippelt durch die Lande, kreuz und quer, sinnlos wie ein Kinderkreuzzug: Hoch die Fahne mit dem roten Punkt, auch wenn sie der Zeitgeist bereits verblassen ließ! »Die Geister, die ich rief ...«. Der Zauberlehrling Rattenfänger

wird sie nicht mehr los, die bunte Mannschaft, die an seinen Fersen klebt. An den Flötentönen klammert sie sich fest – gemeinsam glaubt sie stark zu sein. Die Internationale Rattenschaft reckt ihre gerauteten Tentakel übers Land, der Himmel dunkelt sich ... apokalyptische Reiter am pinkgepunkteten Horizont: »They are coming to take me away – haha, they have come to take me away – hihi ... , they came to take me away, hoho ...«

Andreas Kubin ist und bleibt ein Rattenfänger. Beginnend bei »Alpinismus« und seit 1983 (!) beim »Bergsteiger«. Das Klettern vernachlässigte er vorübergehend, ist inzwischen aber wieder voll dabei.

Opera vertikal

Sechs Fäuste für ein hohes C

von Malte Roeper

Bergsteigen ist – ich muss Sie enttäuschen – eine Form des Freizeitverhaltens in der Industriegesellschaft, so ähnlich wie Gameboys, Shopping oder Psychotherapie. Denn Bergsteigen ist recht anstrengend, doch weder produktiv noch in irgendeiner Weise effizient: genau wie Gameboys, Shopping, Psychotherapie. Die arbeitsteilige Gesellschaft produziert Freizeit, der Überfluss den Übermut. Das sind die Zutaten.

Die ersten, die auf die Idee kamen, Berge zu besteigen, nicht obwohl, sondern weil es ihnen schwerfiel, waren wohlhabende, meist akademische Städter, voran spleenige Briten wie Edward Whymper, der 1865 als erster aufs Matterhorn stieg. Den Einheimischen der Gebirgsregionen, die sie als Führer nahmen, waren dagegen Natur und Berge so alltäglich, dass sie wenig Bedarf verspürten, dies Erlebnis noch zu steigern.

Knapp hundertdreißig Jahre industriellen Fortschreitens später ist für die gleichen Städter ein Zustand nie erahnter materieller Sättigung erreicht. Die Anzahl verschiedenster Aktivitäten irgendwo zwischen Selbstverwirklichung und Zivilisationsneurose wächst so beständig wie auch die Zahl der Kletterer.

Unser aller Motto formulierte, wer hätte das gedacht, der Fußballer Andi Möller, und zwar auf die Frage nach seinem nächsten Spiel: »Vom Feeling her hab' ich ein gutes Gefühl.«

Danach wollen wir alle streben: »Einigkeit und recht viel Freizeit« (Matthias Deutschmann) und natürlich nach einem guten Gefühl.

»Das könnt Ihr nicht mit mir machen!« In Roberts blauen Augen flackert die Panik. Dabei haben wir ihm nur den einfachsten und unkompliziertesten Abstieg von unserem geplanten Berg vorgeschlagen. An den Abstieg nach Süden schlösse sich allerdings ein fünfzehn Kilometer langer Fußmarsch über die Gletscher ins Tal an.

»So weit laufen! Da brauche ich doch viel zu lange, um mich für die nächste Tour zu erholen.« Der freiberufliche Bergführer Robert Jasper hat ein Problem, das dem Mathematiker Jörg Steinsberger und mir nicht im Traum einfällt: An das, was nach dieser Tour kommt oder kommen soll, denken wir vorläufig nicht. Wir wollen auf einer neuen Route durch die Nordwand der Les Droites im Montblancgebiet, eine der schwierigsten Wände der Alpen.

Ich habe das Team zusammengestellt, den Termin gefunden, an dem wir alle Zeit haben, Taktik und Logistik ausgetüftelt und vor allem die Möglichkeit für diese Erstbegehung entdeckt, die nach niemand Geringerem als Maria Callas heißen soll.

Eine Route für Möllemann oder Dieter-Thomas Heck könnten wir so angemessen wie problemlos durch eine x-beliebige Schrofenwand legen. Für einen wirklich großen Namen dagegen benötigt man auch eine wirklich große Linie.

Meine Seilpartner ahnen nichts von meiner Verschwörung, das Resultat unseres gemeinsamen Ringens nach einer Sängerin zu benennen. Sie mögen auch gar keine Oper. Aber seit Jahren ist das Stück geschrieben, jetzt führen wir es auf.

Wir sind unterwegs im Auftrag der Diva.
Ein Auftrag, so schön wie er nie war.

Um eine Uhrzeit, zu der vernünftige Menschen feiernd nach Hause kämen, verlassen wir die Hütte. Die unteren zwei Drittel der tausend Meter hohen Wand stapfen wir ohne Sicherung noch in der Nacht hinauf. Im Sommer wäre hier blankes Eis, jetzt im Winter ist es guter fester Schnee, manchmal auch Firn: ideal. Zwei Stunden nach Tagesanbruch beginnen Jörg und Robert mit den ersten Seillängen im Neuland. Unser unerforschter kleiner Kontinent in dieser von zahlreichen verschiedenen Routen durchzogenen Wand ist ein kompakter, knapp zweihundert Meter hoher Felsschild. Hier war noch niemand, hier sind wir Livingstone. Ich bleibe unter dem Felsschild zurück und hacke drei Plattformen für die Nacht auf dem Eis, eine Arbeit, die den ganzen Tag in Anspruch nimmt.

Jörg und Robert klettern technisch. Sie wursteln sich mit kleinen Trittleitern an Haken, Klemmkeilen und anderen Hilfsmitteln hinauf, die sie in den schmalen Rissen im Fels unterbringen. Streckenweise ist es extreme technische Kletterei, und die schlecht sitzenden Haken halten kaum mehr als das Körpergewicht. Diese Art des Kletterns verlangt Mut, vor allem aber Intuition: Hält das oder hält das nicht? Man muss es ahnen, spüren. Beim Freiklettern an sonnig-gemütlichen Mittelgebirgsfelsen halten die Haken zwei Tonnen, aber man darf nicht hineinlangen. Sonst gilt's nicht. Das ist sie, die Logik des Kletterns – es sich möglichst schwer zu machen. Wenn ihnen hier ein Haken ausbricht, poltern sie zwei, drei Meter ins Seil, bis der nächste Haken hält. Falls der nächste Haken auch noch rauskommt, rumpeln sie noch ein bißchen weiter. Richtig gefährlich ist das nicht, aber es gäbe einen ziemlichen Schreck.

Jörg und Robert klettern, soweit sie kommen. Dann fixieren sie dort die Seile und seilen wieder ab zu mir. Schneeschmelzen, ein bißchen kochen, reichlich trinken und ab in die Schlafsäcke. Saukalt ist diese Nacht, aber wenigstens können wir alle ausgestreckt liegen. Leider in drei Etagen und getrennt, das ist nicht so warm wie nebeneinander, aber immerhin: Wir können liegen. Selbstverständlich war das vorher nicht. Auf die sternklare Nacht folgt ein noch kälterer Morgen.

»Höchstens minus fünfzehn«, meint Robert (ich glaub' ihm kein Wort). Ich liege in der mittleren Etage neben dem Gaskocher

und mache mich beliebt, indem ich die Thermoskanne mit heißen Getränken fülle und am Seil zu meinen Freunden schicke. Während des Frühstücks beobachten wir zwei Seilschaften, die weiter drüben in der gleichen Wand eine andere Route klettern, die Jörg und ich vor einem Monat gemacht haben.
Die Droites-Nordwand ist nicht leichter als die berüchtigte Eigernordwand, aber heute herrscht Hochbetrieb. Das ist einerseits eine Art Winterschlussverkauf wegen der guten Firnverhältnisse jetzt im März, andererseits auch ein Ausdruck der galoppierenden Entwicklung im Alpinismus ganz allgemein. Was vor zwanzig Jahren noch für wirklich unmöglich galt, beherrschen heute Hunderte. Berti Vogts' unvergessenes Wort über die Bundesliga gilt auch für die Bergsteiger: »Die Spitze ist unheimlich breit geworden.«
Mit Steigklemmen steigen wir an den gestern fixierten Seilen auf. Während sich Jörg und Robert – BINGBINGBING! die kleinen Hartstahlhaken – ziemlich wortgetreu mit den nächsten schwierigen Seillängen herumschlagen, stehe ich mehr als sechs Stunden auf ein und demselben Felsband und friere.
Das ist noch weitaus länger als früher an einem ganz miesen Tag an der Autobahnauffahrt. Ich habe mich in ein Kühlhaus verirrt, und jemand hat die Tür hinter mir zugeschlagen. Ich kann hier nicht weg. Die Kleidung ist keine Trennschicht mehr zwischen warm und kalt. Alles, ALLES ist kalt, so kalt, nur kalt, und die Zeit will nicht enden.
Mein Handgelenk ist ein wenig lädiert, weil ich gestern so lange auf das blanke Eis eingeschlagen habe. So bin ich Seilletzter und habe wenigstens die Ehre des schwersten Rucksacks. Immerhin. Die anderen beiden wechseln sich mit dem Führen ab. Robert bastelt sich mit gesträubtem Nackenhaar durch eine extrem schwierige, knifflige Querung, die wird Onassis-Traverse heißen,

jawohl, Onassis-Traverse, nach jenem Schuft, schurkigen, der die Sängerin für die noch prestigeträchtigere Präsidentenwitwe verließ. Und die Seillänge über meiner Sechs-Stunden-Tiefkühltruhe ist der 'Chor der Gefangenen' (Nabucco, 3. Akt).
Seit Jahren weiß ich, wie die Seillängen heißen würden. Der Name für den Biwakplatz stand zuerst: 'An den Ufern des Nil' (Aida). Wie gesagt, es ist die Aufführung eines lang geschriebenen Stückes.
Man könnte auch eine dieser gequälten Parallelen konstruieren: Die Callas hat es sich immer schwer gemacht, und Bergsteiger tun das ebenfalls (aber das konstruier' ich nicht, das ist zu doof). Als entfesselte Perfektionistin sang sie jede Probe mit voller Stimme, aber bald interessierte die Welt sich mehr für die Skandale der »Tigerin« Callas als für ihren Gesang. Sich treulos vom Ehemann zu trennen und die Liason mit einem Millionär nicht zu verheimlichen, gab den Skandalblättern der prüden fünfziger Jahre eben erheblich mehr Stoff als heute.
Außer der Kunst funktionierte kaum etwas in ihrem Leben. Sie war unglücklich, einsam, hatte unmittelbar vor jedem Auftritt rasende Angst, ihren Text zu vergessen. Sie wusste, dass da draußen genügend Leute saßen, die nur auf einen Fehler, einen falschen Ton von ihr lauerten. Jede gelungene Aufführung war eine Enttäuschung für die Boulevardpresse, Moralisten und andere Hyänen. Über Geld sagte sie so charmant wie unnachahmlich: Es sei ihr völlig gleichgültig, wie hoch ihre Gage sei, solange sie nur höher sei als die aller anderen.
Während Leibesfülle allgemein dem Stimmvolumen als förderlich, ja beinahe unentbehrlich gilt, hungerte sie sich in einem Jahr dreißig Kilo runter, weil sie aussehen wollte wie Audrey Hepburn. Und schwupp! – sie sah aus wie ein Filmstar. Wenn sie auf der Bühne einen guten Tag hatte, hing das Publikum

auf der Vorderkante der Sitzreihen. Wenn heute ihre Stimme von einer Tonkonserve erklingt, verwandeln sich Lautsprecher in Infrarotlampen, und es wird warm im Zimmer.
Bei ihrem Tod sagte ein berühmter Zeitgenosse, die Götter hätten sich gelangweilt und sich ihre schönste Stimme zu sich geholt. Ein Biograph schrieb, sie habe jeden Ton gesungen, als würde es ihr letzter sein.
Intensität – da könnte man eine bessere Parallele zum Bergsteigen herstellen. Eine ganz kleine gemeinsame Grenzfläche zwischen Kunst und extremem Bergsteigen gibt es übrigens tatsächlich, nämlich Leidensbereitschaft – eine Hingabe, die darüber hinausgeht, sich etwas lediglich schwer zu machen.
Die fiese Onassis-Traverse ist die Schlüsselstelle der Tour.
Zum ersten Mal bringt Robert seine selbstgebauten Aluminium-Nieten zum Einsatz. Sie bestehen aus einem Metallzylinder von der Größe eines Zigarettenfilters und einem hauchdünnen Drahtkabel. Wie einen Stöpsel schlägt er seine Erfindung in ein winziges Felsloch. Das Weichmetall verformt sich im Fels und klebt – oder wie man das nennen soll – in der Vertiefung. Hundert Kilo mag das halten, vielleicht etwas mehr, vielleicht auch weniger. Robert klinkt seine Leiter in das Drahtkabel ein, verlagert langsam sein Körpergewicht in die Leiter, uff, es hält. Nach dieser Länge lässt die Steilheit endlich nach und von nun an wird es etwas rascher gehen, Seillänge neun: 'Lass uns fliehen aus diesen Mauern' (Aida, 3. Akt). Aus sicherer Entfernung spende ich von unten Beifall. Mit Länge zehn 'Befreit! o welche Seligkeit!' (Troubadour, 3. Akt) ist es vollbracht, was bleibt, ist Stapferei. In der Abendsonne erreichen wir das Schneefeld, das ohne weitere Schwierigkeiten hinauf zum Gipfelgrat leitet. Welch ein Augenblick – die Sonne steht schon tiefer als wir, aber sie scheint noch, eine zerfließende, triefende goldene Kugel, der

Schnee um uns glänzt golden wie Butter auf dem heißen Toastbrot, tiefrot leuchtet der Granit über uns mit seinen dreihundert Millionen Jahren.

Das meiste der umfangreichen Kletterausrüstung, Haken, Karabiner und all das Zeug kommt in die Rucksäcke und die sind jetzt wirklich schwer. Dies goldene Licht, die pfeifenden Lungen, die Gesichter der Freunde zwischen Euphorie und Erschöpfung: so schön, so wahr. Sogar unsere kalten Zehen spüren wir wieder, was wollen wir mehr?

Es ist Nacht. Vom Gipfel nehmen wir Roberts Spezialabstieg und queren in der Südflanke Richtung Westen. Plötzlich sehe ich Jörg nicht mehr. Roberts Fußspuren führen zwanzig Meter waagerecht durch den Schnee und um eine Felskante.

Aber wo ist Jörg? Wenn ein Körper dort hinabstürzt, muss er einen Krater im Schnee hinterlassen, also suche ich mit meiner Stirnlampe den Hang unterhalb der Spur nach einem Krater ab. Pervers, diese kalte Logik, aber sie müsste stimmen. Da ist kein Loch, also lebt er. Eilig folge ich Roberts Spuren um die Kante ... da ist er.

Das zweite Biwak wird famos. Platz für alle drei nebeneinander, warm, bequem und – wir liegen nach Osten, wissen, dass die Sonne uns wecken wird. Liebevoll küssen uns die ersten Strahlen wach und wir krabbeln aus unserer kleinen Höhle heraus, halten Gesicht und Hände in die Sonne wie Eidechsen beim Wärmetanken im August. Tolles Panorama, da drüben der Montblanc und guck mal, die Jorasses-Nordwand, wo seid Ihr da damals rauf? Toller Tag, der so beginnt. Nur leider fast nichts mehr zu essen. Der Rest von Roberts Abstieg zurück zu unseren Skiern am Einstieg ist einfach: eine achthundert Meter hohe Eiswand absteigen. Wirklich einfach, nur fallen darf man nicht. Dann auf die Skier, dalli dalli ins Tal und ab in die Kneipe.

Nach tausend Metern steilem Steigen
hängt mein Himmel voller Geigen.
Es ward erfüllt der Auftrag der Diva,
ein Auftrag, der so süß wie noch nie war.

Das war die Tour. Der rastlose Robert, derzeit wohl der beste deutsche Bergsteiger, hat seine dritte Erstbegehung im Montblancgebiet hinter und ein nächstes Großprojekt vor sich, Jörg hat mindestens noch einmal zugelangt, bevor sein erster Vollzeitjob ihm die Zeit zum Klettern raubt, und ich, ich habe die Route für Maria Callas. Und nun?

Reinhard Karl schrieb: »Wirklich oben bist Du nie«, und das ausgerechnet, nachdem er den höchsten Berg der Welt bestiegen hatte. Bergsteigen ist eine umständliche und schweißtreibende Methode, nirgendwo hinzukommen. Und es ist viel zu anstrengend, als dass man es wirklich genießen könnte. Aber Bergsteiger leben in einem seligen Perpetuum mobile extremer Motivation. Das Brett, das uns die Welt bedeutet, ist das vorm eigenen Kopf. Irgendwann denkst Du wieder an die nächste Tour. Du vergisst die Schinderei der letzten harten Route und malst die nächste in rosigen Farben. In der Wand wirst Du ernüchtert feststellen, dass eigentlich alles genauso ist wie letztes Mal. Die Berge sind kein Zuhause, aber Du bist immer willkommen.

»Komm wieder, Freund«, flüstern sie, »Du weißt doch, wie intensiv das Leben hier ist. Vergiss, was dich langweilt!«

Was immer Du tust und wo immer Du bist – all die Wände, die Du schon immer mal klettern wolltest, stehen da oben herum und sind schön wie kaum etwas anderes. Und immer kommt es dir vor, als ob sie nur auf dich warten.

Aber nicht jetzt. Jetzt warten die Schallplatten.

Malte Roeper, 1962 in Schleswig-Holstein geboren, begann seinen ersten Roman in der dritten Klasse, entschloß sich dann aber zunächst für die Bergsteigerei und zog nach Süden. Sein erster Roman „Strategie und Müßiggang" sowie die Anthologie „Kopf in der Wand" erschienen bei Panico. Sein zweiter Roman „Westwand" erschien 2002 und wurde 2009 bei Panico als Taschenbuch neu aufgelegt.
Inzwischen lebt Malte Roeper in Oberbayern und arbeitet als freier Mitarbeiter der BR-Bergsteigersendung „Bergauf, bergab".

Alpinistische Literatur bei Panico

Westwand
ISBN 978-3-936740-54-7
VK-Preis 10.00 €

„Just for the fucking Matterhorn?!“ Von so einem Leben hat Münchner Alpinlegende Alex immer geträumt: illegaler Bergführer in Peru, Erfolg bei den Frauen und ein Sport-Bild-Abo mit Nachsendeantrag. Plötzlich will er für eine einzige Tour zurück, und die ist nicht mal wirklich schwer. Was dann passiert, stellt ihn vor die Entscheidung, wie sein Leben eigentlich weitergehen soll.
In den Nebenrollen: Kiffer-Luigi, eine gesperrte Kreditkarte, die beste Neutour Europas und die schwierige Frage, wie man am Ende des Universums den Müll trennen soll, wenn der Raum doch gekrümmt ist.

„Hat das Zeug zum Kultbuch.“. Deutsche Welle

Selig, wer in Träumen stirbt
ISBN 978-3-926807-91-5
VK-Preis 10.00 €

Robert Steiners hochgelobtes Debüt gehört zum Feinsten, was die gegenwärtige alpinistische Literatur zu bieten hat.
„Da kann einer nicht nur klettern, er kann auch schildern, wie das geht: kreativ, gnadenlos, mutig. In Zehntelsekundenauflösung beschreibt Steiner seinen Kampfsport am Abgrund: detailgenau, packend, beängstigend.... findet neue, noch nicht zerkitschte Worte für die Natur und die Emotionen....
.... seit Reinhard Karl, Emil Zopfi und Malte Roepers besten Erzählungen hat man kaum ähnlich Gutes gelesen.“

aus der Leselupe, BERGE

Wirklich oben bist du nie
ISBN 978-3-936740-29-5
VK-Preis 10.00 €

Mehr Bergpleiten, Felspech und Kletterpannen wie Peter Brunnert in seinem ersten Buch „Wir müssen da hoch“ beschrieben hat, erlebt kein Mensch. Wir wissen: von wegen! Und das Magazin klettern vergibt 5 von 5 möglichen Sternen - die absolute Höchstwertung.
Die zweite Auflage von Peter Brunnerts zweitem Buch wurde um drei neue Geschichten auf 192 Seiten erweitert. Und so lange der Vorrat reicht, gibt es - ausschließlich bei einer Bestellung direkt bei uns im Verlag - zum Buch gratis das Hörbuch auf CD.

Darf in keiner Bergbibliothek fehlen!